남을 아는 사람은 지혜롭고
스스로를 아는 사람은 밝다

이 책을 지혜롭고 밝은 삶을 추구하는

이 세상에서 가장 소중한

＿＿＿　＿＿＿님께 드립니다.

청춘아, 리더십을 잡아라

조직과 나를 이끄는 여섯 가지 리더십이 힘

청춘아, 리더십을 잡아라

우상규 홍문숙 신은영 박미영 박우진 손미혜

출판이안

조직과 나를 이끄는 6가지 리더십의 힘

청춘아, 리더십을 잡아라

초판 인쇄 | 2015년 3월 16일
초판 발행 | 2015년 3월 20일

지은이 | 우상규 홍문숙 신은영 박미영 박우진 손미혜
펴낸곳 | 출판이안

펴낸이 | 이인환
등 록 | 2010년 제2010-4호
편 집 | 이도경, 김민주
주 소 | 경기도 이천시 호법면 단천리 414-6
전 화 | 031)636-7464, 010-2538-8468
팩 스 | 070-8283-7467
인 쇄 | 이노비즈
이메일 | yakyeo@hanmail.net
홈카페 | http://cafe.daum.net/leeAn

ISBN / 979-11-85772-03-5 03320

「이 도서의 국립중앙도서관 출판예정도서목록(CIP)은 서지정보유통지원시스템 홈페이지(http://seoji.nl.go.kr)와 국가자료공동목록시스템(http://www.nl.go.kr/kolisnet)에서 이용하실 수 있습니다. (CIP제어번호: CIP2014033010)」

값 14,000원

- 잘못된 책은 구입한 서점에서 바꿔 드립니다.

- 出版利安은 세상을 이롭게 하고 안정을 추구하는
  책을 만들기 위해 심혈을 기울이고 있습니다.

Prologue

존경과 신뢰를 얻는
인간관계 리더십에 눈을 뜨자

> "마음이 게을러질 때는 나보다 나은 사람을 생각하라.
> 그리하면 정신을 가다듬어 분발할 수 있을 것이다."
>
> - '채근담' 중에서

마음이 나태해질 때마다 자기계발서를 펼쳐든다. 자기계발서에는 나보다 나은 삶을 산 사람의 인생이 담겨 있어 마음이 게을러질 때마다 정신을 가다듬어 분발하는 자극제를 찾을 수 있기 때문이다.

독서만으로 갈증을 채우지 못할 때는 강연장을 찾아 훌륭한 강사들을 많이 만났다. 풍부한 독서와 치열한 시대정신, 그리고 철저한 자기관리를 바탕으로 자신만의 고유영역에서 뛰어난 능력을 발휘하고 있는 강사들을 만나면 배울 게 많기 때문이다.

그러던 중에 출판사 대표로서 좋은 강의를 그냥 흘러버릴 수 없어 누군가 마음이 게을러질 때 펼쳐보고 자극을 받을 수 있는 자기계발서를 엮어 보자는 욕심으로 이 책을 기획했다.

리더십은 사전에서 '무리의 지도자로서 갖추어야 할 자질, 일을 결정하는 능력, 무리를 통솔하는 능력, 사람들에게 존경과 신뢰를 얻는 능력 따위'라고 풀이한다.

예전에는 리더에게 강력한 권력과 지위가 주어졌다. 그래서 리더십이라고 하면 '일을 결정하는 능력', 또는 '무리를 통솔하는 능력'을 높이 샀다.

하지만 지금은 권력과 지위보다 인간관계를 중요하게 여기는 리더십이 부각되고 있다. 아무리 뛰어난 능력을 갖춘 리더라도 권력과 지위에 취해 인간관계를 소홀히 여겼다가는 어느 한 순간에 모든 것을 잃을 확률이 높아졌다.

따라서 요즘은 리더십이라고 하면 '사람들에게 존경과 신뢰를 얻는 능력'이라는 사전적 의미에 주목할 필요가 있다. 리더로서 존경과 신뢰를 얻으려면 권력과 지위에서 벗어나 인간관계를 더욱 소중하게 여기는 리더십에 눈을 떠야 하기 때문이다.

이 책은 여섯 분 강사님들의 리더십 강좌로 구성되었다. 현장에서 강의 중심으로 이뤄진 것이기 때문에 학술적인 리더십과는 다소 차이가 있을 수도 있다. 리더십이 워낙 광범위하기 때문에 모두 다룰 수 없음이 아쉬울 뿐이다. 그래도 마음이 게을러질 때 정신을 가다듬을 수 있는 책으로는 손색이 없을 것이라는 마음으로 위안을 삼아 본다.

이 책에 모신 여섯 명의 강사님은 곁에서 지켜볼수록 빠져들 수밖에 없는 분들이다. 강의뿐만 아니라 매사에 솔선수범하는 모습은 그 삶 자체가 자기계발의 본보기를 보여주고 있다.

〈DU리더십으로 리드하라〉의 우상규 강사님은 해군대령으로 천암함 함장까지 지낸 분이다. 한없이 자신을 낮추고, 매사에 솔선수범하는 모습은 정말 대령 출신의 군인이 맞나 싶을 정도이다. '자신을 낮추고 상대를 높이는 DU리더십'을 실천하는 모습에 반할 수밖에 없다.

〈행복을 여는 무브먼트 리더십〉의 홍문숙 강사님은 무용으로 다져진 몸이라 그런지 곁에 있는 것만으로도 우아하고 편안한 느낌을 준다. '무브먼트 리더십'으로 주변 사람들에게 생기를 불러일으키는 강연의 원천이 무엇인지 짐작할 수 있게 한다.

〈나와 소통하는 힘, 통통리더십〉의 신은영 강사님은 여성으로서 겪을 수밖에 없었던 육아로 인한 경력단절 시기에 육아마저 장단기 전략으로 리드했듯이, 어느 환경에서든 세상의 중심인 자신을 리드해서 주인공으로 살아가는 방법을 제시하고 있다.

〈여성리더십으로 리드하라〉의 박미영 강사님은 치과위생사로 시작해서 한 가정의 아내이자 엄마로 1인 3역도 마다않고 석사와 박사 과정을 거친 여성리더십의 실천사례를 그대로 보여주고 있다. 치과위생사로 다져진 친절함을 그대로 유지하고 있는 모습은 존경심을 불러일으키기에 부족함이 없다.

〈긍정적인 삶을 이끄는 감정리더십〉의 박우진 강사님은 한없이 겸손하지만 일만큼은 완벽을 기하는 프로의 기질을 갖춘 분이다. 긍정적인 감정관리의 중요성을 이해시키고 구체적인 방법을 제시해 주고 있다.

〈선율로 느끼는 소리향기 리더십〉의 손미혜 강사님은 음치와 박치의 경계를 넘어 모든 이들이 한 편의 노래를 통해 자기성찰을 하며 주변 사람들과 소통하고 힐링하는 방법을 제시하고 있다. 소리향기를 통해 삶의 활력을 찾아 행복에 이르는 길로 리드하고 있다.

"지식이나 사실의 발견은 남에게 빼앗기기 쉽고 글을 더 잘 쓰는 사람에 의해 새롭게 각색될 수 있지만, 한 편의 글은 그 사람 자체이기 때문에 남이 쉽게 가져갈 수 없다."

프랑스의 식물학자 퓌퐁의 말이 진리임을 확인해 본다. 강의에 강사의 인격이 드러나듯, 글에는 글쓴이의 삶이 그대로 묻어나기 마련이다. 모쪼록 이 책을 통해 독자들이 존경과 신뢰를 얻는 인간관계 리더십에 조금 더 가까이 다가설 수 있었으면 하는 욕심을 담아본다.

그동안 바쁜 시간을 쪼개면서도 원고독촉에 성실히 임해주신 여섯 분의 강사님들께 진심으로 감사드린다. 또한 물심양면으로 지원해 주신 로젠탈교육연구소 민현기 대표님께도 감사드린다.

출판이안 대표 이인환

: CONTENTS

Prologue _ 7

우
상
규

진정한 리더라면 무엇보다 먼저 모든 사람을 '갑'으로 볼 줄 알아야 한다. 먼저 자신의 지위와 직책을 온전히 내려놓고, 세상의 모든 사람을 '갑'으로 섬기겠다는 '을'의 마음으로 무장을 해야 한다. 이것이 〈DU 리더십〉의 핵심이다.

DU리더십으로 리드하라

– 나를 낮추고 상대를 높이는(Down & Up) DU리더십

정말 군인이셨어요?

한 TV방송에서 〈나도 완장을 차고 싶다〉라는 프로그램을 방영한 적이 있다. 프로그램 참가 신청자 중 7명을 선발해서 '완장촌' 이라는 폐가에 모이게 했다. 나이도 직업도 모두 달랐다. 그들에게 '완장촌' 행동강령이 발표되었다.

'완장은 완장촌의 절대 권력자가 된다.'

리더가 완장을 차면 다른 참가자들은 그에게 완장이라고 부른다. 완장에게는 한겨울에 난로와 전기장판이 있는 독방에서 혼자 생활하는 특혜와 완장촌의 일과 조정과 식량배급을 통제할 권한이 주어진다.

1대 완장은 출발선에서 달려가 멀리 있는 깃발을 먼저 뽑는 사람으로 정해졌다. 그때까지만 해도 모두 웃으며 설렁설렁 하는 분위기였다. 하지만 시간이 지나면서 참가자들은 완장을 차지하기 위해

치열한 경쟁을 벌인다.

2대 완장은 지렁이를 삼키는 게임으로 정했다. 2명이 지렁이를 삼켰다. 단 1명의 완장을 뽑기 위한 미션은 1대 완장의 무능함을 비판하고, 그의 뺨을 더 세게 때리는 것이었다. 두 사람은 완장을 차지하려고 1대 완장을 무자비하게 비난했고, 가차 없이 뺨을 때렸다.

3대 완장은 시냇가 얼음물에 들어가 가장 오래 참는 사람으로 선정하기로 했다. 모두 이를 악물고 게임에 임했는데, 최후에 3인은 안전상의 이유로 제작진이 촬영을 중단할 정도였다.

인간은 누구나 권력을 차지하려는 욕구가 있다. 그것이 자신을 파멸로 이끌어 가는 줄도 모르고 그 욕구를 위해 목숨까지 거는 경우도 많다.

게임으로 시작한 완장이지만 그것을 차지하기 위해 사투를 벌이는 참가자들의 모습은 우리의 모습과 같다. 어쩌면 우리는 오늘도 완장을 차지하기 위해 현장에서 목숨을 내걸고 싸우고 있는지도 모른다.

인간은 더 큰 것을 잃을 수 있음에도 높은 지위와 직책을 이용해서 권력을 누리려는 본능을 갖고 있다.

"진짜 군인이셨어요?"

전역 후 처음 이런 질문을 받았을 때 솔직히 좀 당혹스러웠다. 그런데 시간이 흐르면서 질문이 필자를 칭찬하는 말이라는 것을 알면서 어떤 표정을 지어야 할지 난처할 때가 많았다.

다양한 분야의 강사모임에 참석했을 때 일이다. 이런저런 이야기를 나누다 직업군인이었다는 것을 알고 처음 만난 한 분이 깜짝 놀라는 표정을 지으며 찬사를 늘어놓았다.

"정말 군인이셨어요? 선생님 같은 분이 군인이었다니 정말 존경스럽습니다."

"제가 군인이었다는데 왜 그렇게 놀라시죠?"

"전혀 직업군인 티가 나지 않아서요."

'직업군인이었던 사람들은 얼굴에 나 직업군인이었소 이렇게 씌여 있나?'

그러면서 한쪽 귀로 흘렸는데 이내 다음 말이 가슴에 확 꽂혔다. 말만 들으면 극찬이지만, 곰곰이 새겨 보면 앞으로 필자가 극복해야 할 사회적인 편견들이었기 때문이다.

"그동안 전직 군인이었던 분을 많이 만났는데 거의 다 권위적으로 행동하는 경우가 많았습니다. 주변 사람들을 피곤하게 만드는 스타일이었죠. 그런데 선생님을 보니 전혀 그렇지 않아서 선입견이 참 무섭다는 것을 알았습니다."

아침마다 운동을 나가는데 퇴역 중령 출신이 있었다고 한다. 매사에 권위적이어서 사람들과 쉽게 융화를 못하더니 결국 따돌림을 당해 모임에서 퇴출당하기까지 했다는 것이다. 그 말을 듣고 필자는 안쓰러운 마음을 감출 수 없었다. 결코 남의 일 같지 않기 때문이다.

사람들은 직업군인은 자기주관이 뚜렷하고 고지식할 거라는 선입견을 갖고 있었다. 오랫동안 부하들을 지휘하는 습관이 들어서 타인을 지휘하려는 경향이 있고, 용건만 짧게 말하는 습관 때문에 무뚝뚝할 거라는 편견을 갖고 있었다. 또한 사회 물정에 어둡고, 융통성이 부족해서 주변 사람들과 쉽게 동화하기 어려울 거라는 고정관념도 갖고 있었다. 물론 몇몇은 사회적인 편견대로 행동하는 경우도 있지만, 대다수 동료와 선후배들은 나름대로 군에서 익힌 리더십을 바탕으로 사회생활도 잘 해 나가는 경우가 훨씬 많다.

"진짜 군인이셨어요?"

그런데 이 얼마나 당혹스런 질문이던가? 비록 필자의 인상에서 권위적인 티가 나지 않는다고 좋게 평가하는 소리인 줄은 알지만 괜히 마음이 아팠다. 필자는 그 사람에게 이렇게 말하고 헤어졌다.

"지금 이 순간에도 대한민국의 진짜 군인은 사람을 섬기는 자세로 맡은 바 직책에 충실히 임하고 있습니다."

군대에 오래 있어 본 사람은 안다. 계급이 높아지면 어쩔 수 없이 명령하고 지시해야 할 일들이 많아지지만, 부하를 움직이는 것은 직책을 이용한 명령이 아니라 진정으로 그들을 사랑하고 섬기는 마음이라는 것을. 똑같은 명령을 내리더라도 강요하는 것보다 부하를 위하는 마음으로 내리는 것이 훨씬 큰 성과를 가져 온다는 것을. 그래서 훌륭한 리더십을 갖춘 군인은 지금 이 순간도 권위를 내세우기보다 진정으로 부하를 위하는 마음으로 명령을 내리면서 합리적으로 임무를 수행해 나간다.

그들도 초임 때에는 윗사람의 눈치를 보고 윗사람이 지시한 일이 불합리하더라도 참고 일하는 등 '을'의 위치에서 근무를 했다. 층층 시하에서 시집살이 하는 며느리마냥 윗사람의 눈치를 보고 지시사항을 받아서 어떻게든지 시간에 맞춰서 일을 처리하려고 노력한다.

그러나 계급이 올라가고 근무연한이 올라가 일명 고참이 되면 이제는 지시하는 '갑'의 입장이 된다. 사람은 망각의 동물이라고 했던가? '갑'의 입장이 되면 '을'의 처지는 서서히 잊어 간다. 그리고 자기도 모르게 환경에 익숙해진다.

사람은 환경의 지배를 받는 동물이다. 직업군인들은 사회에 나오는 순간 바로 '을'의 위치에 서게 된다. 사회초년병이 되는 것이다. 환경은 '을'의 입장으로 바뀌었는데 의식 속에는 '갑'의 마인드가 팽배한 경우가 많다. 이러다보니 주변 사람들에게 군인에 대한 부정적인 이미지를 심어주는 경우가 많은 것이다.

군인만의 문제가 아니다. 사회적으로 성공했다고 평가받는 사람들 중 많은 사람들이 은퇴 후에 이런 현실에 부딪힌다.

지위와 직책은 자신이 그 자리에 있을 때만 누릴 수 있는 특권이다. 은퇴 후에는 얼른 모든 것을 내려놓고 주변 사람들과 융화할 줄 알아야 하는데, 그것을 쉽게 내려놓지 못해 은퇴 후에도 사람들을 강압적으로 대해 기피의 대상이 되거나, '저 사람은 어쩔 수 없어!'라는 식으로 뒤에서 손가락질을 받는 경우도 많다.

리더는 지위와 직책이 높아질수록 더욱 자신을 살필 줄 알아야 한다. 어느 한 순간 자신을 놓치면 지위와 직책에 도취되어 인생에서 그것보다 더 소중한 것이 있다는 것을 망각하기 쉽다.

왜 DU리더십인가?

　자신의 지위와 직책에 도취되지 않는 것이 〈DU리더십〉에 들어서는 첫 관문이다. 즉 을의 마인드로 리드하는 것이 DU리더십의 핵심이다.

　'갑을관계'는 사전적 의미로 권력에 의한 상하관계를 의미한다. 상대적으로 높은 지위에 있는 자를 갑(甲), 낮은 지위에 있는 자를 을(乙)이라 한다. '갑'은 실질적으로 계약을 좌지우지하는 사람이고, '을'은 '갑'의 선택을 받기 위해 지시를 받거나 눈치를 봐야 하는 사람이다.

　일반적으로 거래처가 '갑'이 되면 납품업체는 '을'이 된다. '을'이 마음에 들지 않는다고 '갑'이 거래처를 옮겨 버리면 '을'은 심각한 타격을 받게 된다. '을'은 살아남기 위해서라도 '갑'의 눈치를 살펴야 한다.

　조직 내에서도 '갑을관계'는 성립한다. 상사는 부하직원에 대한 인사권, 고과평가 등 다양한 권한을 행사할 수 있기 때문에 '갑'이 되고, 부하직원은 살아남기 위해서라도 '갑'의 지시에 따라야 하는 '을'이 되는 것이다.

　'갑을관계'는 조그만 가게를 운영할 때도 발생한다. '갑'인 고객은 마음에 들지 않으면 얼마든지 다른 곳으로 발길을 돌리면 그만이다. '을'인 주인은 고객의 마음을 잡지 못하면 가게가 망해 생존권의 위협을 받을 수 있다. 따라서 주인은 살아남기 위해서라도 고객을 잡기 위해 '을'의 역할에 최선을 다해야 한다.

'갑을관계'는 가족 내에서도 성립한다. 경제권을 쥔 부모가 '갑'이 되고, 어떻게든지 부모 마음에 들어야 편하게 청소년기를 보낼 수 있는 자식은 '을'이 될 수밖에 없다.

사람들은 '갑'이 되기를 원하지 '을'이 되기를 바라지 않는다. 그런데 '갑'과 '을'은 사람의 관계가 아니라 업무와 직책에 관계로 이어져 있다. 따지고 보면 세상에는 영원한 '갑'도 없고, 영원한 '을'도 없다.

사회적으로 물의를 일으키는 '갑의 횡포'는 사회적인 지위와 직책을 이용해 횡포를 부리는 사람들의 잘못된 '갑질'이라고 볼 수 있다.

지금 이 순간에도 참되고 진실된 '갑'의 도리를 행하면서 '을'로부터 존경받는 사람들이 얼마나 많은가? 그 모든 '갑'들이 소수의 횡포를 부리는 '갑' 때문에 매도를 당하는 것은 정말 가슴 아픈 일이다.

사회가 예전과 달리 수평구조로 변하고 있다. 직장만 해도 예전에는 호봉에 따라 직책이 올라가고, 상사가 되면 어느 정도 지위와 직책을 누릴 수 있었다. 하지만 지금은 부하직원을 사람으로 보지 못하고 지위와 직책으로만 봤다가는 어느 한 순간에 조직에서 밀려날 수가 있다. 오늘까지 유지되었던 '갑'의 지위가 어느 한 순간에 사라질 수 있는 것이다. 심지어 막강한 권한을 가지고 있는 대기업 회장도 소비자 앞에서는 '을'이 되어 자세를 낮춰야 한다. 아무리 막강한 힘을 갖고 있는 거래처라도 납품업체를 함부로 대했다가는 그보다 더 막강한 힘을 가진 고객이라는 '갑'에 의해 어느 한 순간 폭싹 망할 수 있다.

진정한 리더라면 무엇보다 먼저 모든 사람을 '갑'으로 볼 줄 알아야 한다. 먼저 자신의 지위와 직책을 온전히 내려놓고, 세상의 모든 사람을 '갑'으로 섬기겠다는 '을'의 마음으로 무장을 해야 한다. 이것이 〈DU리더십〉의 핵심이다.

〈DU리더십〉은 자신을 낮추는 자세가 기본이다. 사람은 본능적으로 출세에 대한 욕구, 군림하려는 욕구가 강하게 내재되어 있기에 항상 자신을 챙기며 낮추는 자세를 갖기 위해 노력해야 한다.

스텐포드대학교 심리학 교수인 필립 잠바르도는 평범한 사람이 특정한 상황에서 얼마나 나쁜 짓을 할 수 있는지를 알아보기로 했다. 1971년에 '교도소 생활이 인간의 심리에 미치는 영향에 대한 연구'라는 제목을 지역신문 광고에 내고 실험에 참가할 지원자를 모집했다.

실험을 위해 대학 지하실에 감방 세 개와 처벌 독방까지 갖춘 가짜교도소를 만들었다. 실험에 참가하겠다고 지원한 대상자들에게 간단한 정신과 면담과 성격 검사를 실시한 뒤 평범하고 선량한 중산층 24명의 지원자를 최종 선발했다. 그리고 동전 던지기를 통해 12명은 교도관으로, 12명은 죄수로 역할을 나누었다. 그 다음에 죄수 역할을 맡은 사람들을 집으로 돌려보냈다. 다음날 경찰의 협조를 받아 그들을 집에서 체포하여 수갑을 채우고, 눈을 가린 채 가짜 교도소로 이송하면서 본격적으로 실험을 시작했다.

실험은 첫날부터 예상치 못한 일이 벌어졌다. 교도관 역할을 맡은 사람들은 누가 시키지도 않았는데 새벽 두 시에 죄수들을 깨워 팔굽혀펴기를 시키고, 침대를 뺏고, 맨손으로 변기청소도 시키고, 머리에 봉지를 뒤집어 씌워 행진을 시키기도 했다. 죄수들의 반발이 있었지만 교도관들은 개의치 않았다. 시간이 지날수록 가학적 수법은 점점 더 심해졌다. 반항이 심한 죄수는 독방에 가두고, 성적 학대까지 서슴지 않았다. 죄수 역할을 맡은 참가자들 역시 신경 쇠약 증세를 보이며 탈주를 모의하는 등 진짜 죄수와 다름없는 모습을 보였다.

2주를 예상했던 실험은 교도관들의 극에 달한 가학행위와 죄수들의 심각한 신경쇠약 증세로 6일 만에 중단되었다.

이 실험이 우리에게 주는 교훈은 무엇일까?

사람은 누구나 착한 마음과 악한 마음을 동전의 양면처럼 간직하고 있다. 중요한 것은 인간의 본성이 아니라 상황이다. 사람은 자신이 처한 상황에 따라 착한 마음과 악한 마음 중에 하나를 전면에 내세운다. 그러면서 언제나 자신의 선택이 최선인 것처럼 행동한다.

아무리 악한 마음을 쓰는 사람일지라도 자신이 악한 마음을 쓰고 있다고 생각하지 않는다. 자신은 그저 상황에 맞는 역할에 충실할 뿐이고 그것이 옳다고 생각하기 때문에 제삼자의 입장에서는 천하의 악한 행동도 서슴지 않고 할 수 있는 것이다.

〈DU리더십〉을 강조하는 이유가 여기에 있다. 사람은 누구나 어떤 지위에 오르면, 그 지위를 이용해 특권을 누리고자 하는 욕구가 강하게 발동한다. 이런 이유로 자신의 입장에서는 당연하다고 하는 행동들이 제삼자의 입장에서는 악한 행동으로 보이는 것이다.

자신의 처지를 객관적으로 보지 못하고, 현재 자신이 처한 지위에 충실하다 보면 자신도 모르게 악한 습관과 행동에 빠져들게 된다. 문제는 사회적 지위는 절대적이지도, 영원하지도 않다는 데 있다. 사회에서 누리는 지위는 상대적으로 물고 물리는 관계에 놓여 있다.

따라서 언제든지 자신의 지위는 변할 수 있다는 것을 염두에 두고, 지위와 역할에 충실하기 전에 먼저 사람에 충실해야 한다. 사회적으로 지위가 올라갈수록 더욱 자신의 행동을 살필 줄 알아야 한다.

〈DU리더십〉은 직책에 있는 것이 아니라 마음에 있다. 직책을 갑으로 보면 '갑질'을 하는 이들이 생기지만, 사람을 갑으로 보면 직책이 높건 낮건 모두 내가 섬길 대상으로 보이기 때문에 '갑질'할 여지가 없다.

어느 조직이건 리더가 되면 지위와 직책에 충실하느라 사람을 '을'로 보고 마구 대하는 경우가 많다. 그러다 보면 자신도 모르게 그 지위와 직책에 맞는 습관이 생기기 마련이고, 그 습관으로 인해 자신을 나락으로 떨어뜨리는 경우도 있다.

〈DU리더십〉은 그 누구보다 먼저 자기 자신을 위한 리더십이다. 지위와 직책이 아닌 상황에 맞게 자신을 관리하는 리더십이다.

〈DU리더십〉 실천을 위한 7가지 Tip

리더십은 상황에 따라 그리고 구성원간의 관계에 따라 같은 방법을 사용해도 전혀 다른 결과가 나오기도 하지만 보편적으로 통하는 것이 있다. 이 장에서는 지금까지 필자의 경험과 여러 가지 이론을 기초해서 〈DU리더십〉 실천을 위한 7가지 Tip을 제시해 본다.

〈DU리더십 실천을 위한 7가지 Tip〉

하나. 롤모델을 만들어라

둘. 변화하는 환경에 나를 맞춰라

셋. 솔선수범하는 리더가 되어라

넷. 먼저 다가서고 진심으로 소통하라

다섯. 다그치기보다는 격려하라

여섯. 지위와 직책에 맞게 자부심을 지켜줘라

일곱. 질책할 때는 따끔하게 하라

하나. 롤모델을 만들어라

등대는 망망대해를 항해하다 육지에 접근하는 배들이 자신의 위치를 알고 목적지에 안전하게 도달할 수 있도록 중요한 역할을 한다. 섬김의 리더로 거듭나기 위해서는 목표가 되어주고 안내를 해줄 등대와 같은 존재가 필요하다.

필자에게는 충무공 이순신이 바로 등대와 같은 존재이며 최고의 롤모델이다.

충무공은 임진왜란이 일어나기 1년 전에 정3품 당상관인 전라좌도수군절도사로 부임하였다. 당시 관직에 있는 양반들은 일반 백성의 생사여탈권까지 좌지우지할 수 있는 엄청난 '갑'의 위치에 있었다. 하지만 충무공은 그 높은 권좌에 있었음에도 불구하고 늘 낮은 곳에서 나라와 백성을 위해 자신의 한 몸을 바쳤다.

백성을 '을'의 자세로 리드하였기에 삼도수군통제사에서 관직을 박탈당하고 한양으로 압송될 때 길가에서 온 백성이 그의 뒤를 따랐다. 백성들은 길가에서 큰 소리로 울부짖으며 그의 압송을 안타까워했다.

"사또, 우리를 버리고 어디로 가십니까. 사또께서 우리를 버리시면 우리 앞날에는 죽음뿐입니다."

또한 칠천량해전 이후 삼도수군통제사로 재임되어 수군을 재건하기 위해 길을 가던 중 옥과에 이르렀을 때 길을 가득 메운 피난 가는 백성을 만났다. 이때 충무공은 말에서 내려 백성들의 손을 잡고 부디 몸조심하라고 당부의 말을 하였다. '을'의 마음으로 백성들을 섬기는 리더십이 몸에 배었기에 가능했던 일이다. 백성들에게 작별을 고하고 자신의 길을 가려할 때 백성 가운데는 그 모습을 보고 처자에게 결연한 의지를 보이는 이들이 많았다. 처자에게 유언과 같은 말을 남기며 따라나서는 장정이 한둘이 아니었다.

"우리 사또가 다시 왔다. 이제는 안 죽을 것이다. 너희들은 천천히 찾아오너라. 나는 먼저 사또를 따라간다."

이것은 〈DU리더십〉을 발휘한 장군의 마음이 백성들의 신뢰를 얻었기에 가능한 일이다.

충무공은 한때 청소년들이 존경하는 최고의 인물에 단골로 선정되곤 했다. 그런데 요즘은 대중매체가 청소년들을 사로잡기 시작하면서 박지성, 김연아, 유재석 등과 같은 스포츠 스타나 대중연예인에게 밀려나고 있는 현실이 안타까울 뿐이다.

그래서일까? 요즘 청소년 중에는 우리나라 위인 중에는 존경할 만한 사람이 없다고 서슴없이 말하는 경우가 많다. 어른들은 6.25전쟁의 폐허 속에서 경제강국을 이루는 동안 뛰어난 업적을 이룬 경제인들 중에 존경받을 위인이 많다고 강조하지만 청소년들은 쉽게 귀를 기울이지 않는다. 그동안 급속한 경제성장을 추진하면서 나눔보다는 성장만을 강조하다가 공동체의 미덕을 소홀히 여긴 어른들이 반성해야 할 문제다.

충무공의 리더십은 사회지도층에게 필요한 덕목이다. 지위와 경제적인 부는 오래가지 못한다. 사회구성원으로서 진정으로 존경받는 삶을 살고 싶다면 '갑'의 위치에서 섬김의 자세로 살아간 분들을 롤모델로 삼고 〈DU리더십〉을 챙겨나갈 수 있어야 한다.

천하를 얻는다 해도 사람들에게 지탄을 받는다면 그게 무슨 소용이 있겠는가? 이왕이면 사람들에게 존경받고 추앙받는 가운데 천하를 누릴 수 있다면 그것이 훨씬 더 가치 있고 행복한 삶이 아니겠는가?

둘. 변화하는 환경에 나를 맞춰가라

초한지의 영웅 한신은 어렸을 때 건달이 시비를 걸어오며 가랑이 밑으로 기어가라고 하자 시키는 대로 했던 적이 있다. 그는 자신을 낮추면서 꾸준히 실력을 키워 후일 한나라 대장군의 지위에 올랐다. 하지만 주군인 유방이 천하를 통일한 후에 권력에 취해 있다가 말년에 비참한 최후를 맞는다.

유방은 항우라는 최대의 적이 없어지자 그때까지 자신을 도왔던 한신과 장량이 최고의 군사권을 갖고 있는 것을 두려워하며 견제하기 시작했다. 장량은 더 이상 유방 곁에 있다가는 목숨을 잃을 것 같아 모든 관직을 내려놓고, 한신에게도 얼른 자리를 내려놓고 함께 떠나자고 한다. 그때 남긴 말이 바로 그 유명한 토사구팽이다.

"사냥꾼은 사냥이 끝나면 더 이상 쓸모 없는 사냥개를 삶아 먹는다."

하지만 한신은 자신이 황제를 믿고 따른 만큼 그에게 배신 당할 일이 없다며, 일등공신이라는 최고의 자리를 쉽게 내려놓지 못했다. 그 결과 유방이 씌운 모함에 걸려 능지처참이라는 잔혹한 형벌로 죽음을 당한다. 변화된 환경에 슬기롭게 대처할 방법을 찾지 못한 것이다.

하루가 모르게 변하는 세상에서 무엇보다 먼저 과거의 지위를 얼른 다 내려놓고 빠르게 현실에 적응하는 방법을 찾아야 한다.

변화하는 환경에 자신을 맞춰가는 자세를 갖춰야 한다. '갑'의 마인드로 사는 사람은 쉽게 가질 수 없는 마음이다. 평상시에 사람의 마음을 얻기 위해 노력하는 '을'의 마인드를 가진 사람만이 쉽게 가질 수 있는 마음이다.

영국 웨스트민스터 대성당 지하묘지에는 성공회 주교의 무덤 앞에 '나 자신'이라는 묘비가 서 있다.

네가 젊고 자유로워서 상상력에 한계가 없을 때
나는 세상을 변화시키겠다는 꿈을 가졌었다.
좀 더 나이가 들고 지혜를 얻었을 때
나는 세상이 변하지 않으리라는 것을 알았다.
그래서 내 시야를 약간만 좁혀
내가 살고 있는 고장을 변화시키겠다고 결심했다.
그러나 그것 역시 불가능한 일이었다.
황혼의 나이가 되었을 때
나는 마지막 시도로,
나와 가장 가까운 내 가족을 변화 시키겠다고 마음을 정했다.
그러나 아무도 달라지지 않았다.

이제 죽음을 맞이하기 위해 누운 자리에서 나는 문득 깨닫는다.

만일 내가 내 자신을 먼저 변화 시켰더라면,

그것을 보고 내 가족이 변화되었을 것을!!

또한 그것에 용기를 얻어 내 나라를

더 좋은 곳으로 바꿀 수 있었을 것을.

그리고 누가 아는가. 세상까지도 변화되었을지….

세상이 나를 위해 맞춰주는 경우는 없다. 변화된 환경에 자신을 맞춰야 한다. 지금까지 살아온 생활 방식을 하루아침에라도 쉽게 내려놓을 수 있어야 한다. '갑'이 아닌 '을'의 마음으로 세상에 나를 맞춰 나가는 습관을 들여 나가야 한다.

셋. 솔선수범하는 리더가 되어라

上好禮則民莫敢不敬 상호예즉민막감불경

上好義則民莫敢不服 상호의칙즉민막감불복

上好信則民莫敢不用情 상호신즉민막감불용정

윗사람이 예를 좋아하면 백성들은 감히 공경하지 않을 수 없고, 윗사람이 의를 좋아하면 백성들은 감히 따르지 않을 수 없으며, 윗사람이 신의를 좋아하면 백성들은 감히 성실하게 행동하지 않을 수 없다.

공자는 항상 리더의 솔선수범을 강조하였다. 솔선(率先)은 '남보다 앞장서'는 것이고, 수범(垂範)은 '모범을 보이'는 것이다.

踏雪野中去(답설야중거)/ 눈 덮인 들판을 갈 때에
不須胡亂行(불수호난행)/ 어지럽게 걸어가지 말아라
今日我行跡(금일아행적)/ 오늘 내가 걸어간 발자취가
遂作後人程(수작후인정)/ 뒷사람의 이정표가 될지니.

서산대사는 눈길을 걸을 때조차도 뒷사람을 생각하라고 했다. 남보다 앞장서서 모범을 보인다는 것은 누구도 걷지 않은 길을 가면서 자신의 자취를 보고 따라오라는 것이다. 결코 자신이 가보지 못한 길을 가보라고 해서는 안 되듯이 자신이 실천해보지 못한 일을 아랫사람에게 권해서는 안 된다.

"이 초콜릿은 아주 맛이 좋아."
네덜란드 암스테르담 대학의 바스 반 덴 푸테(Bas van den Putte) 교수는 초콜릿이 맛있다는 것을 강조하기 위해서는 이렇게 말로 하는 것보다 실제로 초콜릿을 맛있게 먹는 모습을 보여주는 것이 '아, 나도 저 초콜릿을 먹고 싶다'는 마음을 불러일으키는데 훨씬 효과적이라는 사실을 실험으로 보여주었다.

임진왜란이 발발하기 직전 조선은 부패한 관료들이 전쟁의 조짐이 보인다는 일부의 주장을 무시하고, 천하태평인양 현실에 안주하기에 급급했다. 군함과 무기, 병사들은 문서상으로만 기록되고 실질적인 준비는 안 되어 있었다.

하지만 충무공은 달랐다. 자신의 직책에 맞게 매사에 준비상황을 직접 확인하고 부족한 부분을 보완하는데 온 힘을 기울였다. 전선, 화약과 무기를 수리하고 비축하는데 빈틈이 없었고 활쏘기 훈련을 게을리 하지 않았다. 당시 조선수군의 개인병기 중에서 왜군에 조총에 효과적으로 맞설 수 있는 것은 활이 최고였다. 충무공은 틈이 날 때마다 활쏘기 연습을 했고, 병사들에게도 혹독하게 활쏘기 훈련을 시켰다. 난중일기 곳곳에는 활쏘기 훈련에 얼마나 공을 들였는지 그대로 드러나 있다.

충무공은 전쟁이 발발하자 항상 선두에 서서 군사들을 지휘하였다. 늘 부상의 위험이 따랐고 사천해전에서는 적의 총탄을 어깨에 맞아 한동안 고통을 감수해야 했다.

명량해전은 충무공의 솔선수범하는 모습의 백미를 보여준 전투였다. 당시 충무공은 칠천량해전에서 궤멸된 조선수군을 급하게 수습하여 전선 13척으로 운명이 걸린 일전을 대비하고 있었다.

"척수를 알 수 없는 많은 적선이 명량을 통과해 우리 함대가 결진하고 있는 곳으로 오고 있습니다."

9월 16일 아침 일찍 별망군(적의 동태를 살피고 정보를 보고하는 사람)의 보고를 받고 충무공은 맨 앞장에 섰다. 전투에 앞서 장병들에게 필사즉생 필생즉사(必死卽生, 必生卽死)라고 정신무장을 시켰지만, 막상 10배나 많은 적선을 보자 대부분의 장수와 군사들은 뒤로 물러서 관망하며 앞으로 나오지 않았다. 그때 이순신이 탄 대장

선만 홀로 앞으로 나왔다.

"왜의 배가 천 척이라도 우리 전선을 당할 수 없다."

이순신은 최선봉에 나서 일본 함대에 포위당한 채 상당한 시간을 고군분투해야 했다. 최고사령관으로서 죽음을 무릅쓴 선봉대 역할을 한 것이다. 이렇게 솔선수범하는 장군의 모습을 본 조선함대가 전열을 정비하고 온 힘을 다해 왜군에 맞서 싸우기 시작했다.

세계 해전사에서도 불후의 전쟁으로 인정한 명량해전의 승리는 전투 초기 위급한 상황에서 충무공 스스로 죽음을 무릅쓰고 선봉에 나서 전투를 했기 때문에 가능한 일이다. 솔선수범의 모범을 보여준 리더십의 결정체다.

리더가 솔선수범했을 때 생기는 힘의 원리를 보여주는 실험이 있다. 일명 '3의 법칙'이라고 하는데, B방송에서 방영한 '인간의 두 얼굴, 상황의 힘'이란 다큐프로그램에서 '3의 법칙'을 실험하였다. 2003년 10월 서울 지하철 신당역에서 한 사람이 전동차와 승강장 사이에 끼이는 사고가 발생했다.

"우리 열차를 밀어요!"

주변에서 발차를 기다리던 사람들이 어떻게 할지 몰라 안타까워 할 때 한 사람이 이렇게 외치며 전동차를 밀기 시작했다. 누구도 30톤 이상인 전동차를 사람의 힘으로 밀어 움직인다고 생각하지 못했다. 하지만 한 사람이 먼저 전동차를 밀기 시작하자, 한 사람, 또 한 사람 이렇게 전동차를 밀기 위해 달라붙자, 이제는 누가 먼저랄 것도 없이 주변에 있던 수많은 사람들이 전동차를 밀기 위해 달라붙었다. 마침내 거대한 전동차가 움직였고 다리가 끼었던 사람을 무사히 구해낼 수 있었다.

불특정 다수일 때도 이처럼 누군가가 먼저 나서기만 하면 큰 힘을 발휘할 수 있는데, 이미 리더 체계가 짜여져 있는 조직이나 직장에서는 어떠하겠는가?

리더가 솔선수범하면 반드시 그 뒤를 따르는 사람이 생기기 마련이다. 평소에는 그 힘이 미약해 보일지 모르지만, 위기 상황이나 결정적으로 단합된 힘을 필요로 할 때 그 힘은 엄청난 효과를 발휘할 수 있다. 솔선수범은 리더가 갖춰야 할 너무나 당연한 덕목인 것이다.

넷. 먼저 다가서고 진심으로 소통하라

2014년 한 취업포탈사이트와 경제연구원에서 조사한 바에 따르면 우리나라 직장인들의 직무스트레스 비율이 87%로 OECD 국가 중 1위를 기록했다고 한다. 그 스트레스 원인 중에 가장 큰 비중은 역시 직장 내의 대인관계에서 오는 갈등, 즉 소통의 부재에서 오는 것으로 알려졌다.

직장은 어떠한 형태로든 수직적인 구조를 취하고 있다. 아무리 '가족 같은 직장'을 이야기해도, 직급에 따라 맡은 일이 다르기 때문에 '갑을관계'가 성립될 수밖에 없다. 상사의 입장에서는 부하직원에게 아무리 흉허물 없이 다가가고 기탄없이 말하라고 해도, 부하직원 입장에서는 혹시라도 불이익이 닥칠까 봐 조심스럽고 속에 있는 말을 다 할 수가 없다. 이때 리더의 역할이 더욱 중요하다. 자신은 부담을 주지 않으려고 한 행동이 오히려 부하직원에게 더 큰 부담을 줄 수 있다는 것을 인식해야 한다. 아랫사람이 윗사람에게 편한 마음을 갖는다는 것은 현실적으로 힘든 일이다. 그런데 편한 마음을 가지라고 했다고 해서 그것만으로 아랫사람을 배려했다고 착각했다가는 오히려 모시기 까다로운 상사로 낙인 찍힐 수 있다.

한 방송에서 기업의 CEO를 현장에 투입하여 직원들과 함께 하는 시간을 갖도록 한 프로그램이 있었다. 직원들이 CEO를 알아보지 못하도록 변장을 시켜 중년재취업 도전자라고 소개했다.

CEO가 현장에 투입되기 전 본사에서 팀장급 회의를 주재하는 모습을 먼저 보여주었다. 회의는 CEO가 자신의 생각을 일방적으로 전파하는 시간으로 채워졌다. 팀장들은 CEO의 질문에 잘 알았다는 답변만 했다. 무엇이 문제인지, 어떤 해결 방안이 있는지 아무도 이야기하지 않았다.

방송이 본격적으로 시작되면서 중년재취업 도전자로 변장한 CEO가 현장에서 만난 직원들은 자신들이 겪는 애로사항이 무엇인지, 어떻게 개선하면 좋을지 서슴없이 털어 놓았다. 방송 마지막 부분에서는 CEO가 자신이 신분을 위장하고 일했던 말단 부서를 공식적으로 찾아가 현장의 소리를 듣는 시간을 보여주었다. 중년재취업자로 분한 CEO와 함께 했던 직원들은 혹시나 하다가 CEO의 신분을 알고 표정이 확 변했다.

상대의 직위가 '갑'이라는 것을 아는 순간 '을'은 하고 싶은 이야기를 못했다. 오히려 이전에 신분을 몰랐을 때 말했던 것 중에 자신이 실수한 것은 없는지 복잡하게 생각하며 머리를 조아렸다.

리더라면 먼저 이미 상사와 부하직원이라는 벽이 명백히 존재하는 이상 말로만 편하게 대하라고 해봤자 아무 소용이 없다는 것을 알아야 한다. 어떠한 경우에도 아랫사람은 긴장할 수밖에 없다는 것을 인정하고, 그 선에서 적극적으로 다가가는 노력을 기울여야 한다.

"나는 회사 구내식당, 강당 어디에서든 직원들과 얘기한다. 이때 늘 3분의 2 원칙을 지킨다. 주어진 대화시간의 3분의 2를 듣고, 그 질문에 대답하는데 썼다. 이를 통해 반대자들의 목소리를 가라앉히고 많은 사람을 내 편으로 끌어들이는데 성공했다."

미국의 P&G사 CEO를 두 번이나 역임했던 AG 래플리가 조직원과 소통의 중요성에 대해서 한 말이다. AG 래플리가 CEO로 발탁됐을 때 P&G는 전 CEO의 독선적인 회사 운영과 마구잡이식 M&A 추진으로 최대의 위기를 맞고 있었다. 자신의 뜻에 어긋나는 직원은 가차없이 한직으로 밀어내는 급격한 체질 개선 전략은 조직의 사기를 떨어뜨렸다. 이사회에서는 회사가 처한 어려움을 극복할 수 있는 적임자로 '온화하고 다른 사람과 융합을 잘 한다'는 평판이 자자한 래플리를 CEO로 선임한 것이다.

"고객이 보스다."

"사자가 사냥하는 모습을 보고 싶으면 동물원이 아니라 정글로 가야 한다."

래플리는 스스로 고객이 되어 '살아보고', '일해보라'는 소신을 갖고 솔선수범하며 전 직원에게도 자신을 따라 고객에게 먼저 다가 갈 것을 강조했다. 아울러 회사 내의 소통과 화합을 원활히 유지하기 위해 사내 커뮤니케이션 시스템을 일방적인 '수직구조'에서 쌍방향의 '수평구조' 방식으로 전환했다. 본사 경영진 사무실 구조도 뜯어고쳤고, 회의 중에는 3분의 2는 아예 '듣는 시간'으로 떼어놓을 정도로 외부 의견 수렴을 중시했으며, 평소에 직원들에게 먼저 다가가 서슴없이 의견을 나누었다.

그의 노력으로 최대의 위기에 직면했던 P&G는 그의 첫 번째 재임 기간(2000~2009) 중 매출은 두 배, 순이익은 네 배 이상으로 늘렸고, 사내 현금 보유도 111% 증가하는 등 최고의 전성기를 구가하였다.

리더가 먼저 부하직원의 곁으로 다가가서 진심으로 소통하는 모습을 보여줌으로써 큰 힘을 발휘한 것이다.

필자는 항상 이런 마음을 갖기 위해 노력했다. 특히 계급 구조가 철저한 군대에서 오래 생활하다 보니 나도 모르게 부하를 배려한다고 착각하며 오히려 그들을 더욱 힘들게 하는 것은 아닌지 스스로 점검해 나갔다. 무엇보다 먼저 나의 지위와 직분을 분명히 인식했다. 상사가 아무리 살갑게 다가가려 해도, 계급이 존재하는 이상 그들은 격식을 차릴 수밖에 없다는 것을 알아야 했다.

2005년 12월, 천안함장으로 발령을 받았다. 함장은 대우를 받는 자리 같지만 실은 바다로 나가는 순간부터 스트레스를 많이 받는 자리다. 상황이 안 좋으면 뜬 눈으로 밤을 지새우는 경우가 허다하다. 20년 넘게 탄 배라 척 봐도 알 수 있어서 그냥 넘어갈 수도 있지만, 그래도 매번 배를 직접 돌아보지 않으면 스스로 불안하다. 그때마다 부하들은 긴장하고 불편해 하고 있었다.

"필승! 현재 본 함은…."

당직 장교는 매번 이미 다 알고 있는 내용을 큰 소리로 보고한다. 생략하라고 말하고 싶지만 평소 자기 업무를 얼마나 잘 파악하고 있는지 알아보기 위해 그냥 놔둘 수밖에 없다.

"그래, 너희들 덕분에 다른 장병들이 편하게 쉴 수 있는 거야. 수고해라."

순찰을 도는 이유는 고생하는 부하들을 격려해주는 의미인데, 부하들은 오히려 감시를 받는 것 같아 매번 불편해 했다. 어디를 가든 몸들이 뻣뻣했다. 함께 고생하는데 상사의 눈치까지 살펴야 한다는 모습이 안쓰럽게 느껴졌다.

이왕이면 장병들에게 좀 더 자연스럽게 다가서고자 갈 때마다 커피를 돌렸다. 그런데 의외로 커피를 부담스러워 하는 장병들이 꽤 많았다. 새벽에 졸음을 쫓기 위해 이미 1~2잔의 커피를 마신 상태인 경우도 많았다.

다른 방법을 찾아보자고 생각하던 어느 날, 불현듯 집에 있던 제빵기가 떠올랐다. 망망대해 군함에서 따끈하게 구워진 식빵. 과연 몇 명이나 바다 한 가운데 군함에서 갓 구운 빵을 먹어보았을까? 그건 해군이 되어 천안함에 근무하기 때문에 누릴 수 있는 특권이라고 생각했다. 집에 있던 제빵기를 배로 옮겨놨다. 출동 4일차, 드디어 제빵기를 꺼내 재료를 섞었다.

"윙~윙~윙!"

코드를 꽂자 모터가 돌며 제빵기가 가동되었다. 이제부터 기계가 알아서 할 일이다. 필자는 그저 빵이 완성되기를 기다리기만 하면 된다. 책을 읽고 있는데 어느새 구수한 냄새가 함장실에 번진다. 지금까지 수없이 많은 빵집을 지나며 빵 냄새를 맡았지만 맛있겠다는 생각은 안 해봤는데…. 망망대해에서 냄새를 맡으니 아무것도 들어간 것 없는 평범한 식빵이지만 입맛을 더욱 자극한다. 따끈하게 구워진 식빵을 들고 순찰을 돌았다. 긴장하던 대원들이 식빵을 보고 얼굴에 환한 웃음을 담았다. 식빵을 먹으며 이런저런 이야기를 나누니 분위기가 훨씬 더 부드러워졌다.

"자, 수고들 하고…."

장병들에게 가까이 다가가기 위해 노력한 것이라 생각하니 기분도 좋았다. 그래서 다음에는 식빵에 건포도, 아몬드를 넣어서 만들었다. 누군가를 배려한다는 것은 기분 좋은 일이다. 누군가에게 진정성이 전해지면, 그 자체만으로도 일할 맛이 생기고 더욱 따뜻한 조직으로 똘똘 뭉쳐진다. 새벽잠을 설치며 구운 빵을 돌렸던 이유다.

군은 계급에 의한 수직사회라 윗사람이 권위를 세우지 않고 스스럼없이 다가가려 해도 대원들은 계급과 직위 때문에 쉽게 접근하지 못하는 경향이 있다. 이런 조직일수록 진정한 전우가 되기 위해서는 거리감을 없애야 한다.

스스로 나를 낮추자 대원들이 더 위해주고 스스로 맡은 바 더 열심히 하는 조직이 되었다.

다섯. 다그치기보다는 격려하라

1961년 예일대학의 심리학자인 스탠리 밀그램 교수는 〈기억에 관한 과학연구〉에 참가할 사람들을 모집하는 광고를 게재했다. 물론 본래 목적은 인간이 복종을 강요하면 얼마만큼 잔인해 질 수 있는가를 실험하는 것이었지만, 참가자들에게는 다르게 알려주었다.

실험방법은 칸막이 너머 전기의자에 사람을 묶어 놓고, 반대편에는 실험 참가자가 15V~450V까지 30단계로 나눠진 전기충격기 버튼를 누를 수 있게 했다. 마지막 450V 버튼 밑에는 불길한 XXX 표시를 해놓음으로써 그 버튼을 누르면 전기의자에 앉아 있는 사람이 죽을 수도 있음을 실험 참가자가 알게 했다.

실험진행자는 전기의자에 앉아 있는 사람이 문제를 틀릴 때마다 실험 참가자에게 단계별로 전기버튼을 눌러 충격을 주게 했다. 물론 실험인 만큼 전기충격기는 가짜였다. 전기의자에 앉은 사람은 연기자였다. 실험진행자는 전기의자에 앉아 있는 사람과 미리 짜고 실험 참가자가 버튼을 누를 때마다 전기충격을 받은 것처럼 연기하도록 해 놓았다. 실험 참가자는 이 사실을 모르면서 단계별로 버튼을 눌러야 했다.

진행자는 실험을 시작하기 전에 주변 동료들에게 과연 몇 %의 실험 참가자가 450V이상의 버튼을 누를까라고 물어보았다. 많은 사람들이 실험일 뿐이라 사람이 죽을지도 모르는 버튼을 누를 사람은 없을 것이라고 생각해서 1% 미만일 것이라고 대답했다. 그런데 결과는 65%나 되는 실험자가 버튼을 눌렀다. 처음에는 "저 사람이 죽어도 된단 말입니까?"라며 의문을 제기하던 사람도 "예, 실험이니까 어쨌든 눌러야 합니다."라는 실험진행자의 말을 듣고, 의자에 앉은 사람이 죽어도 나는 책임이 없다는 식으로 체념을 하고 버튼을 누른 것이다.

밀그램 교수가 이 실험을 한 이유는 제2차 세계대전 당시 세계의 지성이라 할 수 있는 독일 젊은이들이 히틀러의 나찌당에 동조해서 잔인한 유대인 대학살을 벌인 이유를 사회심리학으로 밝히고 싶었기 때문이다.

'어떻게 그 많은 독일 젊은이들이 잔인한 일을 저지를 수 있었던 말인가?'

이 실험의 진짜 목적은 〈권위에 대한 복종 연구〉다. 개인적으로는 아무리 이성적인 사람이라도 사회나 조직에 소속해서 누군가의 지시를 받는 입장이 되면 자신의 일에 대한 책임의식이 희박해져서 명령하는 사람에 따라 얼마든지 잔인해 질 수 있다는 것을 증명한 실험이다.

밀그램은 65% 이상의 실험 참가자가 버튼을 누를 것이라고 예상했다. 독일 젊은이들이 유대인을 잔인하게 학살할 수 있었던 것도 자신이 속한 조직의 명령에 따랐을 뿐이라며 자기합리화를 시키는 책임회피 의식이 작용했기 때문이라고 사회심리학적인 판단을 내렸다.

실험결과는 그의 예상대로 맞아 떨어졌다. 사람은 누군가에게 복종해야 할 상황이 오면 자신의 행위에 대해 책임을 회피하는 심리를 갖고 있다는 것을 증명한 것이다.

독재정권의 군인이나 경찰이 이성적으로는 국민을 탄압하는 것이 부당한 행위인 줄을 알면서도 막상 그 상황에 처하면 이성을 잃고 더욱 잔인하게 시위대를 탄압하는 것도 〈권위에 대한 복종〉의 심리가 작용했기 때문이라는 것을 알 수 있는 실험이다.

직장에서도 마찬가지다. 상사가 강압적으로 지시를 내리면 이성적으로는 합리적인 대응을 해야 한다는 것을 알면서도 "에라, 될 대로 되라."는 식의 〈권위에 대한 복종〉의 심리로 책임회피식 행동도 서슴지 않게 된다.

'갑' 인 리더로부터 다그침을 받는 부하직원 '을' 이 순종적일 수밖에 없는 조직에서는 창의적이고 능동적인 업무성과를 기대하기 어렵다. 달리 말하면 리더가 다그치는 만큼 모든 책임을 자신이 다 짊어져야 한다는 것이다. 부하직원이 능력이 부족하면 얼마든지 갈아 치울 수 있을지 모른다. 하지만 부하직원은 직장에서 지위가 있을 때 '을' 이 되지만, 직장에서 쫓겨나면 한 순간 고객이라는 '갑' 의 지위로 올라선다.

회사에서 부하직원을 안 좋은 모습으로 내보내는 것은 안티 고객을 양성하기 때문에 궁극적으로는 회사나 리더 자신을 위해 더 큰 손해라는 것을 인식해야 한다.

리더가 조직을 명령에 복종하는 순종적인 집단으로 이끌어 가면 조직이 위기에 처했을 때 권위에 굴복하는 무책임한 조직원을 양산

시킬 수 있다는 것을 알아야 한다.

리더는 자리에 오르기까지 전문지식과 다양한 경험을 통해 아는 것이 많으므로 아직 일처리에 미숙한 부하들의 행태가 마음에 들지 않는 경우가 많다. 하지만 리더는 그들에게 동기를 부여하고, 조직을 창의적인 집단으로 이끌어가기 위해서라도 다그치기보다 격려를 해 나가야 한다. 부하들이 스스로 자신의 지위와 역할에 책임의식을 갖고 창의적이고 능동적으로 조직의 일처리를 해나갈 수 있도록 배려하며 기회를 주어야 한다.

리더는 부하를 함부로 책망하면 안 된다. 아무리 하찮은 것이라도 보고한 부하에게는 더욱 따뜻하게 대해줘야 한다. 그렇게 보고하기까지 많은 고민을 한 것인데, 리더가 핀잔을 주거나 책망을 하면 다음에는 중요한 사항도 보고하기를 꺼려 조직에 큰 피해를 입힐 수 있다.

여섯. 지위와 직책에 맞게 자부심을 지켜줘라

〈권위에 대한 복종 실험〉은 조직을 운영할 때 매우 유용한 심리 연구자료로 활용할 수 있다.

조직은 어떠한 경우도 이분법적으로 나뉘지 않는다. 최고 오너가 아닌 다음에는 단계적으로 리더가 되기도 하지만, 어떨 때는 곧 부하가 된다. 직책 자체가 리더이자 곧 부하의 지위를 겸하게 되는 것이다.

가장 중요한 것은 지위와 직책에 맞게 각자의 자부심을 심어주는 것이 중요하다. 부하직원의 잘못을 지적하거나 다그칠 때는 더욱 조심해야 한다. 그 부하직원도 자신만 자리를 뜨면 곧 리더로서 책임의식을 발휘해야 할 직책에 있는 것이다.

부하직원의 잘못을 잘못 지적하면 그 밑의 부하직원들에게 리더로서의 자존심을 손상시킬 수 있다. 가급적 잘못을 지적할 때는 두 사람만의 공간에서 해야 하고, 때에 따라서 잘못을 눈 감아 주는 아량도 베풀어야 한다.

필자는 군대에서 이런 경험을 많이 했다. 계급 간에도 지켜야 할 예의가 있다. 부하들이 보는 앞에서 상급자에게 지적을 받게 되면 당장 자존심이 손상되면서 이성이 마비되기 마련이다. 아무리 잘못한 일이라도 그렇게 지적을 받으면 오히려 리더에게 불만을 품게 되면서 업무에 역효과를 보게 된다.

천암함에서 저녁식사를 마치고 방에 있는데 갑자기 잔잔하던 바다가 성난 목소리를 내면서 순식간에 배를 집어삼킬 듯이 거센 파도가 밀려왔다. 기상예보에도 특이한 사항이 없었고, 저녁을 먹을 때까지도 잔잔했는데, 30분 만에 바다가 돌변한 것이다. 함대 기상과와 통화를 해봤다. 기층 불안에 따른 일시적인 현상이라 아침이면 파도가 잠잠할 것이라고 예상했다. 폭풍주의보가 발효되고 파도가 거세지면 배들은 가까운 섬 뒤로 들어가 파도를 피하는데 이것을 '피항 간다'고 한다. 파도가 치고 너울이 밀려오는 방향에 따라 피항 가기가 쉬울 수도 있고 어려울 수도 있다.

그때부터 결정은 함장의 몫이다. 거친 파도를 헤치며 힘들게 피항을 가서 서너 시간 있다가 다시 나올 것인가, 아니면 버틸 것인가? 필자는 위치와 우리가 피항을 갈 수 있는 섬까지의 거리, 그곳에 가기 위한 코스 등을 확인했다. 여러 경우의 수를 따져봤을 때 파도의 방향을 고려하여 피항을 하지 않는 게 좋겠다고 판단했다. 그 와중에 피항 가기에 좋은 위치에 있던 다른 군함은 가까운 섬으로 피항을 갔다. 시간이 지날수록 바다는 더욱 성난 듯이 파도가 거칠게 일었다. 밤 12시 경에는 구축함까지 피항을 갔다. 이제 서해에 홀로 떠있게 되었다. 매서운 바람이 선체를 삼킬 듯이 불어왔고 그때마다 선체 외부에 돌출된 구조물과 바람이 만나면서 일으키는 "휘잉~ 휘잉~" 하는 소리는 선체가 금방이라도 떨어져 나갈 것 같은 착각을 일으키게 했다. 성난 파도는 우리 배를 집어삼킬 듯이 몰아쳤다.

우리는 그 거대한 자연 앞에 힘겹게 버티고 있었다. 아무리 군함이라도 대자연의 힘 앞에는 하나의 잎사귀에 불과했다. 필자도 바다에서 수많은 파도를 겪어봤지만 그날의 파도는 정말 큰 위협이었다. 자연스럽게 무릎을 꿇고 기도하기 시작했다. 새벽 3시경, 방에 있는 폰이 울렸다. 받아보니 함교에 근무 중이던 장교였다.

"함장님 포술장(배에 있는 포, 미사일 등의 운용을 담당하는 장교)입니다. 지금 NLL 가까이 접근하고 있어 변침(배가 가는 방향을 바꾸는 것)을 해야겠습니다."

"그래, 알았다. 파도가 높으니 조심해서 변침해라."

이렇게 지시를 내리고 잠시 후면 배가 크게 요동치겠지 생각하며 중심을 꼭 잡고 있는데, 어느 정도 시간이 흘렀지만 배가 변침을 하지 않았다.

얼른 함교로 올라갔다. 그곳은 새벽인데도 열심히 근무하는 장병들이 있었다. 잠시 눈이 어둠에 익숙해지기를 기다렸다. 눈이 어둠에 익숙해지자 희미한 달빛에도 대충 상황이 파악되었다. 하얀 포말을 부수며 우리 배를 집어삼킬 듯 집채 만한 파도가 쉼 없이 달려오고 있었다. 바다 경험이 풍부한 필자도 흔치 않게 만나는 엄청난 파도였는데, 바다에서의 경험이 적은 포술장은 감히 그 파도를 뚫고 변침을 하겠다는 생각을 못했을 것이다. 포술장에게 아무 소리도 안 하고 조용히 말했다.

"자, 이제 변침해야지. 양현 앞으로 43까지 기관 출력을 높여라!"

"양현 앞으로 43 완료!"

엔진 출력을 조정하는 당직자가 나의 명령을 이행했다고 복창했다. 배의 속력이 조금씩 높아지자 정면에서 달려오는 파도와 배가 부딪히면서 더욱 크게 흔들렸다. 금방이라도 배가 부서질 듯이 비명소리를 냈다. 하지만 큰 파도를 헤치면서 변침을 하려면 최대한 속력을 높여 배 현측(옆면)이 파도에 노출되는 시간을 최소화해야 하기에 어쩔 수 없었다. 그렇게 한동안 배를 달리게 하면서 파도의 주기를 잘 살폈다. 큰 파도 속에서 배를 돌릴 때는 파도의 주기를 잘 보고, 작은 파도가 오는 주기에 신속히 배를 돌려야 한다. 어둠 속을 헤치고 밀려오는 파도를 예의 주시했다. 조금 작은 파도가 오는 주기를 파악하며 기회를 노렸다.

'그래, 지금이야!'

필자는 말없이 변침하기 위한 지시를 내리기 시작했다.

"키 오른편 15°!"

"키 오른편 15°! 완료!"

잠시 후 배가 서서히 방향을 틀기 시작했다. 배 현측이 파도의 정면에 노출되었을 때는 금방이라도 배가 뒤집어질 것같이 심하게 기울기도 했다. 계속해서 이것저것 지시를 내리며 신속하게 변침을 완료했다. 배가 방향을 완전히 바꾸기까지 몇 분이 걸리지 않았지만 그 시간이 정말 길게 느껴졌다.

변침이 완료되었을 때 포술장은 이것도 제대로 못하냐고 질책이라도 할 줄 알았는지 옆에서 어떻게 해야 할 줄 몰라 쩔쩔 매고 있었다. 필자 역시 그런 과정을 거쳤기 때문에 그 마음은 십분 이해하고도 남았다.

"그래, 수고해라."

포술장에게 한 마디만 하고 내려왔다. 만약 거기서 포술장에게 이런 것도 못하냐고 핀잔을 주었다면, 그는 장교로서 부하들에게 권위를 잃어버리고 스스로도 자존감을 잃었을 것이다.

리더는 때로는 아랫사람의 지위와 직책에 맞게 자존감을 심어줄 수 있어야 한다. 업무처리는 익숙하지 않아서 실수할 수가 있다. 그때 책망하거나 다그치다 보면 자칫 부하직원이 자존감을 상실해서 수동적으로 변해 매사에 시키는 일만 할 것이다. 그러면 오히려 리더가 할 일이 더 많아져서 얻는 것보다 잃는 것이 더 많을 수 있다.

일곱. 질책할 때는 따끔하게 하라

'몸에 좋은 약은 입에 쓰다.'

'젊어서 고생은 사서도 한다.'

리더가 싫은 소리 하나 제대로 못한다면 아랫사람은 당장은 편하고 좋을지 모른다. 그러나 나중에 한창 배워야 할 시기에 때를 놓쳤다는 알게 되면 오히려 리더의 무능함을 뒷담화로 달고 살지도 모른다.

"우리 부장님은 사람 하나는 좋아."

이 말은 칭찬이 아니라 사실 모욕에 가까운 말이다. 조직에서는 사람 좋은 것만으로 되지 않는다. 무엇보다 먼저 자기 직무에 대해서는 철두철미해야 한다.

직무에 있어서 때로는 부하직원에게 냉정하게 대할 수도 있어야 한다. 나와 조직, 나아가 부하직원의 발전을 위해 쓴소리를 해야 할 때는 엄하게 해야 한다. 인간적인 모멸감을 주는 다그침은 삼가야 하지만, 직무능력을 향상시키기 위해서는 모질게 대할 때도 있어야 한다.

"우리 부장님은 사람 하나는 좋아."

"우리 부장님은 독하긴 해도 배울 게 많아."

어떤 리더가 훌륭한 리더이겠는가?

한 신문사에서 '어떤 상사와 근무하고 싶은가?' 라는 설문 조사를 하였는데 1위가 '능력있는 상사' 로 나타났다. 그들은 조금은 힘들지만 참고 견디면 자기 자신이 나날이 발전할 때 일할 맛이 난다고 이야기했다.

아랫사람은 배울 것이 많은 리더 밑에 모이기 마련이다. 미래를 내다볼 줄 아는 직원이라면 사람 좋은 리더 옆에 있기보다는 호랑이 같은 강한 리더 밑에서 조금이라도 더 배워 성장하려고 한다.

충무공은 부하들의 아픔을 함께 하고 백성들의 안위를 위해 끊임없이 걱정하며 보살피기 위해 누구보다 더 많은 시간을 가졌다. 하지만 전투를 준비하기 위해 군기를 세울 때는 추호의 용서도 없이 엄격했다.

방답의 병선 군관, 식리들이 병선을 수리하지 않아 곤장을 쳤다.(1592. 1. 16)
전쟁 방비에 여기저기 탈난 곳이 많아 군관과 색리들에게 벌을 주었다.(1592 2. 25)
승군들이 해자와 성벽을 쌓을 돌 줍는 것을 성실히 하지 않아 우두머리에게 곤장을 쳤다.(1592. 3. 4)
임진왜란 발발 전에 예하 5관 5포에 대한 상태를 점검하고 미비한 부분을 보완할 것을 지시한 적이 있었다. 그리고 순시하면서 전쟁 준비를 게을리 한 부하는 엄한 벌로 다스렸다.

난중일기에는 이처럼 전쟁준비에 대해서만큼은 엄하게 처벌한 내용들이 많다.

임진왜란이 발발하자 초기에 아군의 연전연패 소식을 들은 병사들은 극심한 공포에 떨었다. 심지어 겁을 먹고 도망가는 부하들도 있었다. 이에 충무공은 전라좌수군의 첫 출전을 앞두고 도망간 여도 수군 황옥천을 잡아들여 본보기로 효수함으로써 군사들의 동요를 막았다.

리더로서 큰 목표를 이루기 위해서 때로는 엄하게 조직을 관리해야 한다. 인정에 얽매이기보다는 일과 성과에 초점을 맞춰 리더로서의 역할에 충실해야 한다.

사람은 서 있으면 앉고 싶고 앉아 있으면 눕고 싶어 한다. 부하들의 감정도 똑같다. 자신에게 잘해주면 처음에는 감사함을 느끼지만, 시간이 지나면 리더의 배려도 자신들의 당연한 권리로 생각한다.

한 조직의 리더로 부임하면 누구나 새로운 방법으로 이끌기 위해 각종 조치를 취한다. 처음에는 부하들이 그런 것을 받아 들이는 것을 힘들어 한다. 이미 몸은 누워 있는데 갑자기 리더가 바뀌면서 서 있으라고 하니 어쩔 수 없는 일일지 모른다.

그럴 때일수록 엄격한 업무규칙에 의해 일처리를 해야 한다. 불만은 있을지언정 거부할 수 없다. 그렇게 원칙에 의해 일을 집행하고, 그 다음부터 배려할 것은 배려해 나가야 한다.

군함은 바다에 나가 있을 때 매일 전투배치 훈련을 한다. 무기 작동상태를 확인하고, 훈련종목을 달리하면서 장병들에게 상황에 따른 임무를 자연스럽게 숙지할 수 있도록 반복훈련으로 이뤄진다. 그런데 반복되다 보면 함장이나 중간관리자의 눈이 직접 닿지 않는 곳은 매너리즘에 빠져 적당히 하려는 경향이 생긴다.

전투배치 명령이 떨어지면 대원들은 각자의 위치로 1분 이내에 달려가 임무수행 준비를 마쳐야 한다. 군함에는 격실이라는 수많은 방이 있다. 이 격실의 가장 큰 용도는 배가 파손되어 바닷물이 들어왔을 때 인접 격실에 유입되는 것을 방지하여 부력을 유지하는 역할을 한다. 따라서 격실에서 나올 때는 항상 문을 견고하게 닫아야 한다. 매우 중요한 일이라 이것을 다시 확인하는 임무를 맡은 대원이 있다. 무척 힘들고 시간이 많이 걸리는 일이다. 수밀문은 쇠로 만들어져 대단히 무겁고 닫으면 사람만 겨우 통과하는(일명 개구멍이라 불리는 정도의 크기) 원형 문을 장애물 경주하듯이 통과하며 다녀야 한다. 이렇게 배 한 바퀴를 다 돌면 온몸은 땀으로 흥건해진다.

하루는 전투배치 훈련을 장교들에게 지시하고 직접 모든 격실의 수밀 상태를 체크했다. 대부분이 잘 닫혀 있었지만 몇몇 군데가 그렇지 못했다. 그걸 확인하고 순찰해야 하는 대원이 다녀간 흔적이 없었다. 필자는 그 임무를 맡은 대원에게 임무수행 상태를 확인했다. 필자의 질문에 당황하는 기색이 역력했다. 필자는 말없이 그를 데리고 하나하나 체크하며 배 전체를 돌았다. 미비한 부분이 나타날 때마다 그 대원은 어쩔 줄 몰라 했다. 주요 부분을 함께 돌아보고 난 후 그 대원을 조용히 함장실로 데리고 갔다. 그리고 격실 수밀의 중요성을 강조하며 두 눈에 눈물이 날 만큼 따끔하게 혼을 내주었다.

DU리더십, 을의 마인드로 리드하라

지금까지 DU리더십 실천을 위한 7가지 팁을 알아봤다. 아는 것과 실천하는 것은 별개의 문제이다. 습관은 무섭다. 어떤 사람은 대충하는 것 같은 데도 일이 술술 풀리는 경우가 있고, 어떤 사람은 열심히 노력을 하는 데도 일이 안 되는 경우가 많다. 열심히 하는 데도 잘 안 되는 사람의 입장에서는 억울할 것 같지만, 제삼자의 입장에서 보면 그 사람이 열심히 하는 데도 잘 안 되는 이유가 무엇인지 쉽게 보일 때가 있다.

바로 습관이 문제다. 대인 관계에 있어서도 어떤 사람은 습관적으로 밝게 대해 줘서 기분 좋게 만드는 경우가 있는가 하면, 어떤 사람은 갖은 정성을 다해 최선으로 대해주는 데도 괜히 뭔가 아닌 것 같은 느낌을 주는 경우도 있다.

DU리더십에서 '을'의 마인드를 강조하는 이유가 여기에 있다. 사람은 누구나 '갑'의 지위와 권력을 누리고 싶어 한다. 그런데 세상의 영원한 갑은 있을 수 없다. 특히 직장에서의 갑이란 지위는 절대적이지 않다. 갑이면서 을이기도 하고, 을이면서 갑이기도 한 것이 조직생활을 해야 하는 인간의 운명이다.

일반적으로 '갑'이 '을'을 대하는 태도는 지시하고 요구하고 부리는 마인드다. 이에 비해 '을'이 '갑'을 대하는 태도는 따르고 요구를 들어주며 섬기는 마인드다. 그런데 사람이라면 누구나 지시하고 요구하고 부리는 사람보다 따르고 요구를 들어주며 섬기는 을의 자세를 가진 사람을 좋아하기 마련이다. 그렇다면 내가 좋은 사람이 되려면 어떻게 해야 하겠는가?

조직 내에서 원활한 관계를 맺고 즐겁게 소통하며 일해서 고성과를 내는 구성원이 되려면 자신의 지위와 직책보다 윗사람이든 아랫사람이든 주변에 있는 사람을 섬기는 습관을 들여야 한다. 그래야 어느 순간 '갑'의 지위에 올랐을 때 굳이 노력하지 않아도 습관적으로 주변 사람을 배려하고, 따르고, 요구를 들어주며 섬기는 사람으로 살아갈 수 있는 것이다. 습관적으로 섬기는 자세를 갖추기 위해서는 무엇보다 먼저 '을'의 마인드로 자신의 삶을 리드하는 진정한 리더가 되어야 한다.

누군가에 지시에 따라 요구를 들어주는 것은 봉건사회에서 죽으나 사나 주인의 명령에 따라야 하는 종의 마인드다. 하지만 누군가가 지시하기 전에 먼저 상대가 바라는 것을 헤아려 들어 주고 섬기는 것은 우리 시대에 진정한 리더만이 할 수 있는 일이다.

이것이 바로 '을'의 마인드로 리드하는 〈DU리더십〉이다.

DU리더십 실천을 위한 7가지 Tip

하나. 롤모델을 만들어라

  : 존경받는 갑으로 사는 방법을 따라 배워야 한다.

둘. 변화하는 환경에 나를 맞춰가라

  : 세상을 변화시키는 것보다 나를 변화시키는 것이

  현실성 있고 훨씬 쉬운 방법이다.

셋. 솔선수범하는 리더가 되어라

  : 반드시 목숨을 걸고 따르는 사람이 생긴다.

넷. 먼저 다가가서 진심으로 소통하라

  : 아랫사람은 어떤 형태로든 거리감을 둘 수밖에 없다.

다섯. 다그치기보다는 격려하라

  : 능동적이고 책임 있는 부하로 성장할 수 있게 한다.

여섯. 지위와 직책에 맞게 자부심을 지켜줘라

  : 부하의 일을 부하가 책임질 수 있게 해야 한다.

일곱. 질책할 때는 따끔하게 하라

  : 사람은 배울 것이 많은 리더 밑에 모여들기 마련이다.

홍

문

숙

생각을 바꾸고 싶나요? 그렇다면 먼저 몸의 에너지부터 바꿔 보세요. 먼저 몸부터 움직여야 합니다. 행동을 해야 생각이 바뀌고, 생각이 바뀌면 습관을 바꿀 수 있습니다. 이제부터 무브먼트 리더십 세계로 빠져 보세요.

행복을 여는 무브먼트 리더십

무브먼트 리더십이란?

생각이 바뀌면 행동이 바뀌고,

행동이 바뀌면 습관이 바뀌고,

습관이 바뀌면 인생이 바뀐다.

　　　　　　– 앤서니 라빈스

농기부어 상의를 들을 때마나 가상 많이 듣는 명언 중에 하나다. 좋은 말이다. 하지만 한번쯤 진지하게 생각해 볼 필요가 있다.

생각을 바꾸기가 쉬울까?

행동을 바꾸기가 쉬울까?

얼핏 보기에는 생각이 바꾸기가 쉽다고 할지 모르지만 해본 사람은 안다. 생각을 바꾼다는 것은 정말 어려운 일이다.

심리학자 윌리엄 클래서(William Glasser)는 현실요법 이론을 발표하면서 인간의 욕구를 자동차 엔진에 비유하고, 그 욕구를 실현하기 위한 움직임을 '전행동'으로 명명하며 자동차 바퀴에 비유했다. 활동하기(doing)와 생각하기(thinking)는 앞바퀴에, 느끼기(feeling)와 신체반응(physiology)은 뒷바퀴에 비유한 것이다.

"눈을 감아 보세요. 그리고 조심스럽게 왼손을 들어 보세요. 안 들리는 사람 있으신가요?"

왼손에 특별한 장애가 있지 않는 한 일반 사람들은 누구나 따라 할 수 있는 동작이다. 이것이 첫 번째인 활동하기 단계이다.

"이제 점심을 뭐로 먹을지 생각해 보세요. 얼른 생각이 나던가요?"

특별히 점심 메뉴를 머릿속에 그린 사람은 금방 생각이 나지만 그렇지 않은 경우에는 쉽게 생각나지 않는다. 두 번째인 생각하기 단계이다. 때로는 행동이 생각보다 쉬울 때가 많다.

"사람은 생각한 대로 된다는 말을 믿나요? 그렇다면 이제 저를 나쁘다고 생각하고 화를 내 보세요. 정말 바로 화가 나던가요?"

세 번째 감정을 다스리는 단계이다. 사람들은 무엇인가 하나를 배우면 바로 될 것처럼 생각한다. 그러나 생각으로 아무리 알았다 하더라도 실제로 느끼지 못한다면 그것은 알았다 할 수 없다. 안 것을 가지고 그대로 느낄 수 있는 단계로 가기 위해서는 끊임없이 노력해야 한다. 감정은 생각을 앞서 간다. 아무리 좋은 생각을 했더라도 감정에 속으면 감정적인 반응이 먼저 나오기 마련이다. 공부란 배운 것을 내 것으로 익혀 감정까지 조절할 수 있어야 한다. 아무리 알았다 하더라도 감정을 통제하지 못한다면 그것은 알았다는 생각에 속은 것이지, 진정으로 알았다고 볼 수 없는 것이다.

"사람은 생각만 먹으면 마음대로 할 수 있다고 했죠. 그렇다면 지금 눈물 두 방울을 떨어뜨려 보세요. 가능하신 분 있나요?"

네 번째인 신체반응 단계이다. 말 그대로 안 것을 그대로 실천하는 단계다. 정말 끊임없이 노력한 사람만이 얻을 수 있는 능력이다. 공부하는 이들이 얻고자 하는 최고 수준의 경지라 할 수 있다. 대개 달인의 경지에 오른 이들이 여기에 속한다고 볼 수 있다.

무브먼트 리더십은 여기에서 출발한다. 생각을 바꾸면 행동이 바뀐다고 하는데 과연 생각을 바꾸는 게 쉬운가, 행동을 바꾸는 게 쉬운가? 이론상으로는 생각을 바꾸는 게 쉬울지 모르지만 현실에서는 생각보다 행동을 바꾸는 것이 더 쉬운 것이 많다.

예를 들어 건강하게 살고 싶은 생각은 누구나 할 수 있다. 하지만 그 생각을 실천으로 옮기기 위해서는 먼저 계단 오르기나 줄넘기라도 해봐야 한다. 몸이 먼저 움직여야 자신감을 갖게 되고, 자신감을 갖게 되면서 생각도 긍정적으로 바뀌어 나갈 수 있다. 진정 건강하고 싶다면 '운동하겠다' 는 생각도 중요하지만, 먼저 가장 쉽게 할수 있는 것부터 실천해 봐야 한다. 쉬운 것부터 실천하다 보면 자신감이 붙고, 자신감이 붙으면 저절로 생각이 바뀌어 점점 수준 높은 단계로 올라 갈 수 있다.

필자는 어려서부터 춤과 더불어 살아 왔다. 틈만 나면 스트레칭을 놀이로 즐겼고, 항상 유연한 몸을 간직하려고 노력했다. 웬만한 동작은 몸으로 다 표현할 수가 있었다. 마냥 행복했던 시절이다.

하지만 젊음만 믿고 몸을 혹사한 나머지 몸에 이상이 생기기 시작했다. 몸이 마음대로 움직이지 않으니 힘들어지기 시작했다. 그래서 다시 처음부터 시작한 것이 무브먼트 리더십이다.

무브먼트 리더십은 생활 속에서 몸을 다루는 놀이이고, 가볍게 몸을 다루면서 생활의 활력을 찾아가는 프로그램이다. 강의를 시작할 때마다 강조하는 말이다.

"생각을 바꾸고 싶나요? 그렇다면 먼저 몸의 에너지부터 바꿔 보세요. 먼저 몸부터 움직여야 합니다. 행동을 해야 생각이 바뀌고, 생각이 바뀌면 습관을 바꿀 수 있습니다. 이제부터 무브먼트 리더십 세계로 빠져 보세요."

간단한 운동으로 바꾸는 생활습관

EBS 다큐 프로그램에서 방영된 이야기다. 덩치가 큰 한 아이는 학습의욕이 전혀 없다. 친구들과 어울리지도 못하지만, 그렇다고 그것이 괴롭지도 않다. 공부는 자기하고 관계가 없다고 생각한다. 그냥 하루가 시작되니까 학교에 가고, 수업이 끝나면 집에 오고, 그냥 착하게 살 뿐이다. 부모 입장에서는 아이가 뭔가 의욕을 갖고 하는 일이 있으면 좋으련만 꿈도 희망도 없이 생활하는 모습이 안쓰럽기만 하다.

다큐 제작팀에게 미션이 주어졌다. 어떻게 이 아이에게 꿈과 희망을 찾아주고 학습의욕을 높여 줄 것인가? 일주일 가까이 관찰하면서 이 아이가 가장 잘하는 것이 무엇인지, 남들보다 조금이라도 뛰어난 소질을 보이는 것이 무엇인지 찾아보았다. 아이는 덩치에 어울리지 않게 줄넘기를 잘 했다. 마침내 아이의 강점을 찾은 제작팀과 선생님은 그 강점을 살려주기 위해 체육시간을 적극 활용했다.

"너는 줄넘기를 참 잘 하네. 그러니까 이제 다른 친구들도 좀 가르쳐 줄래?"

선생님은 팀을 만들어서 아이에게 책임을 맡겼다. 아이는 친구들에게 줄넘기를 가르치면서 활기를 띄어갔다. 은근히 체육시간을 기다리는 모습도 보였다. 학교생활에서 뭔가 하나 자신감을 갖자 태도가 달라졌다. 항상 친구들과 동떨어져 생활하던 아이가 쉬는 시간에 적극적으로 친구들과 어울리기 시작했고, 점차 공부에도 관심을 갖기 시작했다.

필자 역시 그랬다. 필자가 좋아하는 것을 찾고 잘 할 수 있는 것을 찾기 전에는 의욕도 없고 재미도 느낄 수 없었다. 어느 순간 몸을 움직이며 변화되는 상태를 보고 점점 빠져들었고, 온몸을 이완해서 스스로 몸을 만들어가는 과정에서 가족이나 선생님의 칭찬을 들으며 점점 더 흥미를 느꼈다. 그렇게 하루하루 연습량이 쌓이다 보니 어느 순간 확 변해있는 나 자신을 발견할 수 있었다.

강의 시간에도 마찬가지다. 상급학교에 진학하기 위해 개인적인 트레이닝을 필요로 하는 학생도 있었고, 바른 자세를 갖기 위해 찾아온 분들도 있었다. 그들에게 먼저 간단하게 몸을 움직이는 법부터 가르쳤다. 처음에는 간단한 동작이 무슨 의미가 있나 생각했던 분들이 막상 몸을 움직이면서 마음까지 건강해지고, 삶에 활력이 생겼다는 증언을 해주었다.

몸은 거짓말하지 않는다. 놀이처럼 즐기면서 땀을 흘리는 과정에서 사람들은 삶의 활력을 찾았고, 새로운 동기부여를 받아 그동안 못하겠다는 생각에 빠져있던 것도 쉽게 해내는 경험을 하기 시작했다.

생각을 바꾸고 싶다면 먼저 가장 쉽게 할 수 있는 몸부터 움직여보자. 몸을 움직여 작은 성취감을 느끼기 시작하면 어느 새 생각이 바뀌고, 습관이 바뀌는 경험을 할 수 있을 것이다.

무브먼트 리더십으로 여는 새로운 인생

필자는 강의할 때 스티커로 목과 허리의 통증을 줄이는 방법을 활용한다. 서로에게 통증을 치료하는 곳에 스티커를 붙여 줌으로써 상대방의 몸에 관심을 가지면서 자신의 몸에 중요한 부위가 어디인지 스스로 깨닫게 한다. 간단하지만 잠깐 선보인 이런 건강법은 효과가 만점이다. 강의를 시작할 때 경직되고 닫혀 있던 마음이 열리는 것을 수강생들의 얼굴빛이 환하게 변하는 것으로 확인할 수 있다.

강의장이라는 제한된 장소에서도 우선 몸을 움직이게 한다. 직접 몸을 움직이며 자신과 상대방을 알아가는 과정이 중요하다.

무브먼트 리더십은 간단한 움직임을 통한 소통이 출발점이다. 짧은 시간이지만 강의가 끝나면 무브먼트 리더십을 통해 얼굴빛이 밝아지고, 뭔가 해냈다는 성취감으로 충만한 표정을 잊을 수 없다.

행복하기 때문에 웃는 것이 아니라 웃기 때문에 행복하다는 말은 무브먼트 리더십의 핵심이다. 행복하기 때문에 몸이 움직이는 것이 아니라 먼저 몸부터 자유자재로 움직일 수 있기 때문에 행복한 것이다.

건강한 신체에 건강한 마음이 깃든다고 했다. 행복한 신체에 행복한 마음이 깃든다는 말과 다를 게 없다. 행복하고 싶다면 먼저 몸부터 행복하게 해야 한다.

"어머, 어쩌면 그렇게 피부가 좋아요?"

"강사님은 분위기 메이커예요. 우리 모임에 활기가 살아 나네요."

"무용을 해서 그런가요? 건강해 보여서 좋아요."

"날씬한 비결이 뭐에요? 강사님?"

칭찬은 고래도 춤추게 한다고 했던가? 한때는 무용할 때가 가장 기뻤고, 지금은 강의장에 설 때가 행복하다. 지금도 강의안을 만들 때마다 무대 위에 섰던 모습을 떠올린다. 모든 것을 무용으로 보여주던 때에는 말이 필요 없었다. 아름답고 우아한 몸짓을 보여주기 위해 무리를 했다. 그러다 몸의 이상이 생겼고 한번 당한 부상은 오랜 시간의 좌절을 맛보게 했다. 신체 활동을 쉬면서 근육과 신경 조절 능력이 떨어지고 마침내 무용수로서의 생명을 끝내야 하는 성장통을 겪었다.

지금은 교육생들과 하나가 되기 위해 그들에게 다가서고 있다. 부모님이 물려주신 재능일까? 그동안 말재주가 없다고 생각해서 조심스러웠는데, 막상 교육생들과 함께 하다 보니 대중 앞에서 무용으로 단련된 끼를 발산하고 있다.

"그동안 일이 너무 많아 스트레스가 쌓여 목에 힘이 들어갔는데, 이제 한결 부드러워졌어요."

"강의를 듣고 몸의 소중함을 알았어요. 앞으로 내 몸을 더 사랑하도록 노력하겠습니다."

"간단한 행복 무브먼트를 아이와 함께 했더니 아이가 좋아해서 정말 행복해요."

교학상장이라고 했던가? 그동안 무용을 통해 보여주는 것에만 익숙했던 필자가 교육생들과 하나가 되어 강의를 만들어 가니 오히려 배우는 것이 훨씬 많다는 것을 느낀다.

세상에 아프지 않은 사람이 없다. 건강하다면 그것만으로도 충분히 행복한 삶이다. 필자가 무브먼트 리더십을 강조하는 이유도 여기에 있다. 행복하고 싶다면 무브먼트 리더십으로 하루를 열어 보자.

무용의 이완법으로 찾아가는 건강법

삶은 긴장의 연속이다. 따라서 긴장감을 느꼈을 때 몸과 마음이 어떤 반응을 하는지 알아차리는 것이 중요하다.

사람은 스트레스를 안고 살아가면서, 긴장이 풀리기도 전에 또다시 긴장된 삶을 꾸려가야 한다. 이때 많은 사람들이 스스로 자신의 몸이 나빠지는 것을 느끼기 시작한다. 지속적인 긴장감이 몸의 균형을 깨트리며 다양한 병으로 나타난다. 이 단계에 이르기 전에 우리는 각자 자신만의 해소 방법을 찾아야 한다. 그 중에 가장 좋은 방법은 평소에 온몸을 이완하며 순간순간 몸의 근육을 풀어주는 것이다.

우리의 생활은 대개 걷는 것으로 시작한다. 걷는 방법에도 요령이 있다. 처음에 습관을 잘못 들인 사람들은 힘을 주어 걷다 보니 근육통에 시달린다. 그리고 근육통이 주는 피곤함으로 정상적인 생활을 하지 못한다. 그러다 보니 스트레스를 받고, 스트레를 받다 보니 더욱 피곤해지며 몸의 발란스가 깨지는 것이다.

먼저 걷는 동작을 바로 해보자. 대퇴부를 끌어 올리면 복부에 적절히 힘이 들어간다. 온몸을 이완하고 발을 움직여 나아가면서 내 몸을 있는 그대로 느껴보자. 스스로 자신이 걷는 자세와 방법을 점검해 보자. 내 몸이 제대로 걷고 있는 것을 살피는 것으로도 큰 운동이 된다.

수영할 때 몸에 힘을 주면 가라앉는 것을 느낄 수 있다. 힘을 주면 그만큼 몸이 경직되고 무거워지는 것이다. 물에 뜨려면 먼저 온

몸에 힘을 빼야 한다.

마찬가지로 무용에서 그랑 킥이나 그랑 점프 동작을 할 때도, 더 높이 다리를 차올리고 더 높이 날아오르기를 할 때도 힘이 들어가면 자세도 틀어지고 보기에도 아름답지 않다. 힘을 빼고 마시는 호흡, 멈추는 호흡, 내쉬는 호흡을 잘 조절해야 더 멋진 킥이 나오면서 가장 높고 아름다운 점프로 도약할 수 있다. 착지할 때도 충격을 최소화하여 다치지 않는다.

집안에서 걸레질을 할 때도 마찬가지다. 힘을 조절하지 않고 무조건 힘으로 하다가는 근육통에 시달린다. 단순히 닦는 동작 하나도 연결을 위해서는 강약 조절이 필요하고 몸을 이완하면서 적절히 힘을 조절해야 한다.

세상에는 힘으로만 할 수 없는 것들이 너무나 많다. 태극권이나 소림사 무술을 즐겨 본 사람들은 웬만큼 알 것이다. 강하게 밀어붙이는 것보다 온몸에 힘을 빼고 부드럽게 몰아치는 것이 훨씬 강력한 힘을 발휘한다.

"선생님은 왜 이렇게 부지런하세요?"

"우리가 늦은 것도 아닌데 괜히 선생님보다 늦게 들어오니까 저희가 더 민망하네요."

수강생들로부터 많이 듣는 말이다. 모든 것을 미리 준비해야 편안해 하는 필자의 성격탓도 있지만, 진정으로 춤을 좋아하는 천성탓도 있다. 간혹 수강생들을 배려하기 위해서라도 좀 늦게 나가줘야 하는 것 아닌가 싶을 때도 있지만, 천성적으로 이 버릇을 버릴 수 없다.

수업 전에 먼저 몸을 풀며, 몸을 관찰하고 편안하게 마음을 이완시키고 눈을 감은 채 주변에서 들리는 소리에 집중해 보는 것은 필자의 둘도 없는 즐거움이다. 몸이 적응할 수 있도록 먼저 충분한 시간을 주면 자연적으로 마음이 따라온다. 그 마음을 따라 워밍업으로 들어가 몸을 풀고, 기본기로 좌우균형을 체크하면 몸에 열이 나면서 몸이 충분히 '나 받아들일 준비가 되었어' 라는 신호를 보낸다. 그때 'low – middle – high – middle – low impact의 단계적인 방법으로 본격적인 움직임을 하고 마무리 단계까지 이어간다.

춤을 추기 위한 가장 기본적인 동작은 마음대로 몸을 움직이는 것이다. 긴장과 이완이 자유롭게 되어야 한다. 그래야 몸에서 전해지는 감각을 빨리 알아차릴 수 있다.

사람은 몸이 경직되면 병이 생기기 마련이다. 따라서 스트레스를 받을 때 몸을 이완시켜 주는 것만으로도 스트레스가 감소되는 효과를 볼 수 있다. 몸살이나 감기 등에 걸렸을 때 몸을 이완시켜 쉽게 해 주는 것만으로도 어느 정도 치유가 된다.

하지만 몸을 이완하는 것은 평소에 연습이 되지 않은 사람은 참으로 하기 어려운 일이다. 평소에 자율신경의 균형이 무너지지 않도록 균형을 잡고 조절하는 움직임이나 이완법을 배워두는 것이 좋다.

스트레스도 전염된다. 남에게 스트레스를 퍼트리지않으려면
나의 스트레스부터 잘 관리하자.

-스트레스 힐링 저자 우종민

〈행동 심리학〉(조 내버로 외 지음/ 박정길 옮김)에서 스트레스에 반응하는 몸의 신호를 알고 보면 재미있다.

얼굴에 손을 대거나 얼굴을 쓰다듬는 것은 스트레스를 진정 시키기 위한 반응이다. 이마를 문지르거나 입술 핥기, 엄지와 검지로 머리카락을 잡아당기기, 얼굴이나 턱수염을 쓰다듬기, 머리카락 만지기 등은 모두 스트레스를 대면했을 때 마음을 진정시키는데 도움이 되는 행동이다.

어떤 사람은 볼을 부풀렸다 천천히 숨을 내쉬면서 진정 시키는데 이때 얼굴의 신경 종말이 자극을 받으면서 변연계가 회복될 수 있도록 몸을 이상적인 상태로 만들어준다.

어떤 사람은 스트레스를 받았을 때 자신에게 말을 걸며 스스로를 진정시키기도 하고, 휘파람을 불거나 사람들과 이야기를 하며 푸는 경우도 있다.

어떤 사람은 초조하거나 화가 나면 손으로 연필을 두드리거나 촉각과 청각을 사용하여 진정을 시키기도 한다. 하품을 하는 사람도 있는데 스트레스를 받는 인체는 하품으로 침샘에 압력을 가한다. 이런 경우의 하품은 수면부족이 아니라 스트레스가 원인인 경우가 많다.

우리 몸은 정직하다. 몸은 사람을 쉽게 속일 수 없다. 따라서 각자 자신의 스트레스 해소 방법을 잘 안다는 것은 정말 중요한 일이다.

수시로 몸과 대화하면서 몸이 전하는 통증이 무슨 말을 하는지, 그로 인해 내 마음의 상태는 어떤지 볼 수 있다면 더욱 좋다. 이 정도가 되면 설사 긴장을 해서 피로가 쌓이더라도 금방 마음과 소통하며 부정적인 감정들을 비워내고 스트레스로부터 빨리 빠져나올 수 있다.

〈자율신경 실조증의 예방과 치료법〉(무라카미 마사토. 노리오카 다카코 지음)은 스트레스에 강해지는 근이완법과 자율훈련법을 소개하고 있다. 1938년 미국의 제이콥슨이 창안한 방법으로 근 이완법을 터득하면 일상 속에서 자신의 긴장상태를 금방 깨닫고 몸과 마음의 상태를 조절할 수 있다.

근육을 이완시키는 방법으로 힘을 줄 때와 뺄 때의 근육의 감각을 느끼면서 동작하는 것을 중요하게 여긴다. 몸의 신체별로 긴장을 했다가 풀어주기를 반복하는 것이다. 간단한 예로 주먹을 쥐고 앞으로 뻗은 상태로 팔부터 어깨까지 힘을 주고 천천히 끌어당겼다가 서서히 팔을 뻗으면서 손바닥을 펴고 힘을 빼보자. 한발을 앞으로 내밀고 발끝을 올려 충분히 긴장감을 느꼈다가 서서히 풀며 이완을 해보자.

1932년 독일의 정신과 의사 슐츠는 긴장완화와 피로 회복에 효과적인 자율훈련법을 고안했다. 언제 어디서든 몸과 마음을 이완하여 사람이 본래 지니고 있는 항상성을 회복시키는데 목적이 있다.

우선 편안하게 앉아서 눈을 감고 마음을 고요하게 만드는 자기암시를 반복한다. 처음에는 팔의 무게감을 느끼고 점차 다리의 무게감을 느낀다. 다음으로 손과 발이 따뜻하다는 기운을 느끼고 차례

대로 심장이 규칙적으로 잘 뛰는지, 호흡이 편안한지, 위주변이 따뜻한지 살핀다. 끝으로 이마가 시원하다, 혹은 상쾌하다 느끼면서 마무리 기지개로 동작을 마무리한다. 하루에 2~4회 정도 실시하면 2~5개월 사이에 효과를 볼 수 있다.

일상에서 무의식적으로 취하는 자세나 생활 습관, 또는 직업의 특성상 제한된 움직임이 혈액순환을 막고 통증을 만들거나 몸에 피로가 쌓이게 한다. 그러면 손상된 근육은 뭉치거나 찢어지고 다시 그 통증으로 인하여 몸의 불편함이 생겨 스트레스가 쌓이는 악순환의 고리가 형성된다. 이런 악순환의 고리는 주변에까지 영향을 끼침으로서 갈등과 마찰을 불러일으킨다.

무용은 몸을 움직이는 것이다. 또한 나를 알아가는 과정 이다. 몸을 움직이기 위해서는 경직된 근육을 잘 풀어야 한다. 자아(自我, ego)는 생각, 감정 등을 통해 외부와 접촉하는 행동의 주체로서의 '나 자신'을 말한다.

〈춤·동작 심리학치료와 심층심리학〉(조안 초도로우 지음/ 임용자·나혜숙 옮김)에서는 자아 기능들로 감각, 직관, 사고, 느낌 등을 다룬다. 감각은 눈, 코, 귀, 혀, 살갗을 통하여 바깥의 어떤 자극을 알아차리는 것이다. 직관은 감성적인 지각처럼 대상의 전체를 직접적으로 파악하는 것이다. 사고는 생각하고 궁리하는 것을 뜻하고, 느낌은 몸의 감각이나 마음으로 깨달아 아는 기운이나 감정을 말한다.

몸은 경직되었을 때 힘들다고 신호를 보낸다. 나를 잘 알아가면서 나에게 도움이 되는 지각 기능들을 잘 받아들이고 몸이 최상의 조건을 갖도록 유지하는 것 또한 자신에게 관심을 갖는 확실한 방법이다.

필자는 여유 있게 준비하는 것을 좋아 한다. 그러다 보니 학생일 때나 지도자일 때나 어떤 특별한 상황을 제외하고는 급하게 뛰어들어가 수업을 진행해 본 적이 없다. 급하면 몸과 마음이 받아들일 준비를 못하고, 몸이 적절한 이완이 되어 있지 않으면 제대로 된 수업을 진행할 수도 없다.

긴장된 상태는 작품화 시켜보면 금방 드러난다. 굳어져 있는 걸음걸이, 자세, 몸짓, 표정으로 드러난다. 움직임 자체가 편안하지 못하고 부자연스럽거나 호흡도 동작과 따로 논다. 그런 몸과 움직임은 상해를 일으켜 바로 잡아주지 못하면 평소 취약했던 부분에 부상이 발생한다. 또한 유기적으로 연결이 되어있는 몸의 다른 부분까지 영향을 미쳐 병을 불러온다.

이완은 잠깐의 여유로도 느끼기에 충분하다. 삶 속에서 그 여유로움마저 포기하는 것은 나를 포기하는 것이다. 나를 위해 내어주는 삼산의 시간이 자신에게 관심을 갖는 방법이고 나를 사랑하는 방법이다. 따라서 우리는 언제든지 수시로 몸을 이완하고 중심을 단단히 잡아두는 법을 배워둘 필요가 있다.

여기에서는 생활 속에서 무용 기본자세로 찾아가는 초 간단 건강법을 소개하고자 한다.

1. 우선 척추를 반듯하게 세우고 늑골이 벌어지지 않도록 지그시 모은 상태에서 복부에도 적절한 긴장으로 자세가 흐트러지지 않도록 한다.

2. 뒤꿈치를 붙이고 발끝을 열어 발 포지션 1번으로 두고 대퇴부의 힘을 안쪽으로 모은 상태에서 괄약근에 힘을 주고 양발에 체중을 똑같이 실어준다.

3. 발포지션 2번, 3번, 4번, 5번으로 변화를 주어 가장 기본이 되는 발의 움직임에 변화를 주고, 무리하게 turn out 하지 않고 편안하게 할 수 있도록 자세를 취해 조금씩 교정하여 기본기를 만든다.

4. 여기에 양손은 발레의 가장 기본인 팔의 4가지 포지션인 앙바 (En Bas), 앙 아방(En Avant), 알 라 스공드(A La Second), 앙 오 (En Haut)로 우아하고 아름다운 선을 만들 수 있다.

무용의 기본자세로 척추가 반듯하고 자세를 바르게 잡으면 질병으로부터 자유로워 질 수 있고 몸에 균형감이 생기며 생활의 활력이 생긴다.

이것은 가장 기초적인 발레의 동작이다. 몸의 신호는 과거로부터 혹은 현재 형성된 습관으로 인하여 오는 것들이 대부분이다. 따라서 반듯한 자세에서 생각, 느낌, 감정을 이어가고 그것을 실천할 수 있는 방법을 찾아서 좋은 습관을 들이고 꾸준히 이어가는 것이 좋다.

꾸준히 하려는 의지와 노력이 중요하다. 어떤 사고를 당하지 않은 이상 통증은 한순간에 생기지 않고 그것을 개선하는 방법도 한순간에 이루어지지 않는다. 중요한 것은 관심을 가지고 꾸준히 노력하는 것이다.

하루를 시작하는 몸과 마음의 아침인사법

"나는 무용수들을 어떻게 움직일 것인가보다
무엇이 그들을 움직이게 하는가에 더 관심이 있다."
- 피나 바우쉬

필자가 좋아하는 말이다. 무엇이든 억지스럽게 끼워 맞추는 것은 시간이 지나면 허물어진다. 한번 허물어지면 그것을 다시 세우고 새롭게 만들어 가는 과정이 쉽지 않다.

스스로 움직이도록 하는 것은 상황이 다르다. 좀 시간이 걸리더라도 자발적으로 움직이는 것이기에 탄력이 붙으면 최상의 실력을 발휘한다. 그러면 누구나 사신이 원하는 행복한 방향으로 움직이기 시작한다. 중요한 것은 타율이 아니라 자율로 하는 움직임이다.

지금부터 소개하는 아침 인사법이 그렇다. 먼저 스스로 좋아해서 적극적으로 할 수 있도록 해야 한다. 아침에 하루를 시작할 때, 저녁에 하루를 마무리할 때 간단하게 내 몸을 살피고 마음을 바라보는 작은 동작을 해보는 것이 중요하다.

아침에 일어날 때 잠을 자느라 굳어 있던 몸을 한 번에 일으키지 않는 것이 좋다. 잠깐 시간을 내서 몸과 소통하는 시간을 가지면 밝은 기운으로 좋은 에너지를 받을 수 있다.

오늘은 머리가 무겁구나, 어깨에 뻐근한 통증이 있네, 마음이 무겁구나, 마음이 한결 상쾌하네 등을 살피면 맞춤형으로 몸을 좋은 방향으로 이끌 수 있다.

아주 작은 것부터 시작해 보자.

1. 눈을 감고 누운 채로 심장에서 먼 부위에 있는 관절들, 손가락과 발가락부터 까딱까딱 움직여 신호를 보내주며 천천히 원을 그리고, 하나하나 근육의 움직임을 느끼며 돌려 보자. 무슨 운동이든 기본은 심장에서 먼 부위부터 진행해야 한다. 몸의 감각을 깨우고 천천히 움직여 하루를 함께 시작해야 하는 몸에게 하나하나 말을 건다고 생각하자. 관절을 부드럽게 움직여 열을 가하며, 뻣뻣하게 경직된 몸을 부드럽고 따뜻하게 만들어 가자. 그리고 조심스럽게 일어나 움직이면서 생길 수 있는 몸의 부상을 덜어주는 동작을 해보자. 단계별 움직임으로 심장에 부담을 줄이고, 폐 기능을 강화시키고 근육의 유연성과 근력을 높여 나가는 운동은 각자의 몸의 상태를 체크해서 점진적으로 늘려가는 게 좋다. 개인차가 있을 수 있지만 하루를 시작하는 몸과 마음의 아침인사는 간단하고 누구나 쉽게 할 수 있어서 기분 좋은 하루를 열어준다. 또한 내 몸을 알아차리고 서서히 움직임을 시작하면 자연스럽게 마음까지 긍정의 연결고리가 형성된다.

2. 관절이 충분히 자유롭다 느껴지면 누운 상태에서 발끝을 당기고 밀어주는 동작을 진행해 보자. 플렉스 포인이라 하는데, 발끝을 최대한 몸통 쪽으로 당겨주고 밀어주는 동작을 천천히 하며 동시에 손목도 같은 방법으로 해 주면 몸이 한결 부드럽게 풀리며 대퇴사두근에 힘이 들어가는 것을 느낄 수 있다. 아침에 시작하는 몸과의 첫 소통이니만큼 근육이 뻐근하지 않을 만큼 간단하게 이어간다.

3. 한쪽 무릎을 접어 끌어안고 유지하여 몸 뒷면을 풀어준 후 고관절을 풀어주자. 무릎을 구부려서 허리에 부담이 가지 않도록 하고 무릎으로 원을 그린다 생각하고 천천히 안에서 밖으로, 또는 밖에서 안으로 원을 그리며 풀어주고 반대쪽으로 이어간다.

4. 고개를 좌우로 천천히(도리도리) 움직인다. 10으로 박자를 쪼개어 천천히 세면서 근육의 움직임을 느끼고, 10을 셀 동안 유지하면서 이완되고 있는 근육에 집중하고 반대쪽도 마찬가지로 행한다. 이 동작을 각각 좌우 4번씩 연결한다.

5. 양손을 깍지 껴서 머리 위로 밀어내고, 발끝도 밀어내며 숨을 끝까지 마시고, 몸을 최대한 길게 늘렸다가 조금씩 움직여 척추를 자연스럽게 움직여 보자. 그리고 천천히 내쉬면서 밀어냈던 팔과 다리에 긴장을 풀면서 천천히 숨을 내쉬자. 2-3회 반복한다.

6. 모관운동(양 손과 발을 천장으로 들어 올려 미세하게 진동이 오듯이 흔드는 동작 후 털썩 내려놓고 몸 관찰하기)을 통해 혈액 순환에 도움을 받고, 붓거나 피곤하지 않게 좋은 기운으로 하루를 시작하는 몸을 돌보아 준다.(1분 30초 동안 움직이고 이것을 2-3회 반복하면서 몸의 느낌을 살핀다.)

7. 오른쪽으로 돌아누워 왼쪽 무릎은 구부려 바닥에, 오른쪽 다리는 쭉 편 채로 긴장을 푼다. 왼쪽 어깨에 집중하면서 손끝으로 원을 그린다고 생각하면서 어깨 관절을 풀어주자. 왼쪽 콧구멍이 더 활성화 되는지 살펴보고 어깨의 느낌은 어떤지 살펴보자. 반대쪽도 마찬가지로 이어가며 오른쪽 어깨의 움직임이 멈추면 오른쪽 콧구멍의 느낌과 숨을 체크한다. (요가적인 부분을 접목하여)왼쪽 콧구멍: 이다(음의 기운), 오른쪽 콧구멍: 핑갈라(양의 기운), 아침에 오른쪽 콧구멍을 활성화 시키면 좀 더 활기찬 양의 기운을 살려 활기찬 아침을 맞을 수 있다. 저녁에 할 때는 반대로 해야 숙면에 도움이 된다.

8. 눈을 감은 채로 오른손 가슴 앞바닥을 짚고 천천히 단계적으로 올라온다. 고개가 맨 마지막에 올라오도록 한다. 단계적으로 무리 없이 척추에 부담이 가지 않도록 하기 위함이다.

9. 반듯하게 앉은 상태로 양손을 비벼 충분히 열을 낸 후에 양손을 심장에 살포시 포개어 내 몸과 마음에게 '고마워. 사랑해. 오

늘 하루도 잘 지내보자' 라는 메시지를 보낸다.

10. 마지막으로 눈을 감은 채로 다시 양손을 비벼서 따뜻하게 열을 낸다. 따뜻해진 양 손을 눈에 대고 천천히 10을 세면서 따뜻한 온기를 전하고 온기가 전해지면 그 상태에서 손에 공기주머니를 만들어 공간을 만들어 주고 눈을 깜박깜박 거린다. 눈이 잘 적응할 수 있도록 시간을 주면서 피로를 잘 견딜 수 있도록 눈과 소통하는 것이다.

아침에 잠깐이면 된다. 이렇게 하루를 시작하면 하루하루 조금씩 변화가 온다. 긍정적인 생활의 리듬을 찾을 수 있고 그동안 보이지 않던 몸과 마음을 살필 수 있고 잠시 잠깐 놓치는 감각을 열어 보이지 않던 것들을 보기 시작한다.

급하면 못보고 지나치는 것들이 많다. 바쁘다고 본인 스스로 위안하기도 하지만 결과적으로 놓치는 부분들이 많으면 모든 것은 결국 해로 돌아온다.

아침에 잠자리에서 일어나기 전에 잠깐만이라도 해보자. 이런 시간을 많이 가지면 '나 아파. 나 좀 봐 줘.' 라며 몸이 보내는 신호를 금방 알아차려 큰 병을 예방할 수 있다.

우리의 삶의 춤이 된다면

"자신감을 잃었을 때 자신감을 갖고 똑바로 서는 자세는 뇌 안의 테스토
스테론과 코티졸 수준에 영향을 주며, 그것은 사람이 성공할 가능에 큰
영향을 끼친다."   - 심리학자 에이미 커디

필자는 몸이 아프면서 마음이 닫히는 경험을 해 보았다. 또한 그
로 인한 스트레스로 개인의 삶이 소통할 수 없는 상황으로 바뀌며,
갖은 부정적인 생각으로 자존감이 떨어져 마음을 여는 작업이 쉽지
않음을 경험했다. 하지만 이제는 다시 몸을 추스르며 일어섰다. 이
제 무브먼트 리더십을 통해 스스로 건강을 찾아가며, 사람들과 원
활한 소통의 길을 열어나가는 강의를 하고 있다.

"누구나 다 아프다."

단지 표현하지 않고 살아갈 뿐이다. 어쩌다 그 아픔을 몸으로 표
현해 내는 실습을 할 때, 가슴 속에 꽁꽁 품었던 아픔이 터져 나오는
것을 보면 가슴이 확 뚫리는 것을 경험한다. 가슴에 품고 있으면 그
것은 병으로 나온다. 차라리 무브먼트 리더십을 통해 몸으로 표현
하는 연습을 통해 아픔을 털어내는 것이 좋다.

걷기, 뛰기, 뒤로 걷기, 돌기, 점프, 동작을 바꾸어 팔과 다리의
다양한 동작 포지션 가다 멈추기, 서기, 정지 때의 호흡, 정지할 때
서서히 움직이기 등으로 아주 쉽게 움직임을 가져 보자. 좁은 공간
을 활용하여 사람과 부딪히지 않도록 주의해 보는 배려, 단체의 움
직임을 통해 관계에 대해서 느껴보자.

"나는 전공자도 아닌데 어떻게 해?"

이렇게 생각하는 사람이 있을 수도 있겠다. 필자는 움직임을 통해 관계를 배우고 공감 능력과 배려의 마음을 배웠다. 이 모든 동작을 아름답게 조합하여 음악에 맞추면 그것이 공연이 되고 소통의 기술이 된다. 먼저 움직여 보면 보인다.

무브먼트 리더십을 안무화하여 질풍노도의 시기를 겪고 있는 아이들을 대상으로 연극과 Join하여 공연에 올린 적이 있었다. 중2부터 고3 대학 입시를 준비하는 아이들까지 연령층은 다양했다. 제한된 시간 안에 그들의 기량을 끌어내는 일은 쉽지 않았다. 연극의 스토리와 조합을 이뤄 움직임을 이끌어야 했다. 연령층이 다양해서 화합을 잘 이루기 위해 각자의 기량과 장단점을 파악해야 했다.

아이들을 기질별 유형으로 나누어 각자에게 맞는 대화법을 시도했다. 전체적으로 진행하는 움직임은 필자의 스타일을 믿고 따라올 수 있도록 하였지만, 개별적인 움직임은 각자의 자세나 기질을 체크하여 아이들의 성향에 맞게 표현하도록 했다. 그러자 아이들은 자기 능력 이상의 성과를 이루었고, 우리는 서로의 마음을 확인하고 믿어서 낳이노 통하는 소통의 방법을 배우기 시작했다.

사람은 각자의 생각이 다르고 가치판단의 기준도 다르다. 따라서 다름을 인정하고 받아들이는 것이 갈등과 마찰을 해결하는 시발점이다.

소통은 말로만 하는 것이 아니다. 각자의 차이를 인정하고 움직임과 미세한 차이를 서로 받아들이다 보면 의외로 쉽게 소통할 수 있는 길이 열린다.

무브먼트 리더십은 말만이 아니라 움직임을 통해 나를 알아가고, 소통의 기술을 배워가는 방법이다.

건강한 소통의 길을 여는 무브먼트 리더십

소통을 잘하려면 제일 먼저 자신과 소통을 잘해야 한다. 내가 무얼 하고 싶은지, 내 몸이 무슨 말을 하고 있는지, 내 마음이 무슨 생각으로 연결되어 있는지 잘 포착하고, 감각을 열어 그것들을 잘 받아들일 수 있어야 한다.

필자는 자연에서 그런 기운들을 충족하는 편이다. 아플 때 자연을 거닐며 그 속에서 좋은 기운을 받아들이는 법을 배웠다. 자연 속에 나를 맡기고 가만히 있다 보면 자연스레 감각이 열리고 행복한 기운이 충만하는 것을 느낄 수 있었다. 계절이 바뀌면 바뀌는 대로 꽃이며, 나무, 하늘과 바람, 그리고 햇살…. 촉촉하게 내리는 빗방울, 흩날리는 낙엽, 온 세상을 하얗게 뒤덮는 눈발…. 무심히 지나칠 수 있는 것들을 놓치지 말고 잠깐의 여유를 가지며 하나가 되어보는 그 행복감은 느껴 본 사람만이 안다.

"무엇에 관심이 있나요?"

필자가 자주 묻는 질문이다. 상대에 대해 알고 싶어서이기도 하지만, 먼저 그들 스스로 자신이 무엇에 관심이 있는지 점검해 보는 시간을 마련해 주기 위함이다.

자신의 관심이 무엇인지 바로 말하지 못하는 사람이 많다. 자신보다 다른 이에게 관심을 기울이고 기준이 되어 살아가는 삶이다. 가족에서의 역할, 조직에서의 다양한 역할에서 자신이 누려할 것들을 알지 못하거나 혹은 알아도 삶이 빡빡하다는 이유로….

안타까운 일이지만 우리는 모두 행복하기를 추구하면서 정작 행복과 멀어지는 일에 익숙해지고 있다. 이제라도 한번쯤 참된 행복이 무엇인지, 내가 주된 관심을 갖고 있는 것이 행복과 얼마나 관계가 있는 일인지 살펴볼 필요가 있다.

먼저 자신이 느낄 수 있는 감각을 열어두고, 몸에서 말하는 소리를 잘 들어 보자. 몸을 이완하고 나 자신에게 집중하는 시간을 많이 가져보자. 반복되는 경험과 습관들이 몸과 마음을 이어준다.

무브먼트 리더십은 단순히 건강을 지키는 일에 머물지 않는다. 몸을 움직이면서 자신을 이해하고 사람들을 이해해 나가는 길이며, 궁극적으로는 행복한 삶을 추구하는 길이다.

삶은 균형이 필요하다, 사람과 사람 사이에도 적절한 균형이 필요하고 내 몸과 마음도 적절한 균형이 필요하다. 어느 한쪽으로 치우친 사람의 관계가 좋은 관계가 될 수 없듯이 내 몸과 마음도 한 쪽으로 치우쳐서 균형이 깨져 버리면 병이 생긴다. 병은 자신이 보지 못한 욕심 때문에 생긴 것인데, 그것은 몸만이 아니라 부정적인 감정을 양산해서 몸과 마음의 견디기 힘든 통증으로 다가온다.

무브먼트 리더십은 사람들이 몸과 마음의 균형 감각을 찾아 행복으로 이르는 길을 제시한다.

지금부터 무브먼트 리더십을 통해 삶 속에서 행할 수 있는 몇 가지 프로그램을 소개해 본다.

1. 해피 해피 쎄쎄쎄이

쎄쎄쎄를 통해 건강에 좋은 손 마사지법이다. 혼자 해도 좋고, 조직원끼리 단체로 해도 좋다. 먼저 음악을 선정하여 리듬을 익히고, 자연스레 리듬에 맞춰 손뼉을 치며 쎄쎄쎄를 하는 방법이다. 온몸의 신경과 연결되어 있는 손을 마사지함으로써 근육의 피로도와 통증을 줄이는데 도움이 되고 자연스럽게 나와 혹은 상대방과 열린 마음으로 소통하는 경험을 하게 된다.

2. 감각을 열어 내 움직임 체크하기

내 발걸음이 어떤지, 내 호흡이 어떤지, 집중되는 부분이 어디인지, 몸인지, 몸이라면 어느 부분인지, 마음에 집중이 잘 되는지, 음악이라면 어떤 리듬이 들리는지, 자꾸 외부로 감각이 열려 집중이 잘되는지 혹은 안 되는지…. 이런 부분들을 체크하다 보면 본인이 평소에 어떤 부분에 집중을 하고, 자신과 어떻게 소통을 하고 있는지 점검할 수 있다. 집중이 안 된다면 무엇이 방해를 하는지 알아차릴 수 있다. 평소의 자신에게 관심을 갖고 집중하는 시간이 필요하다. 외부로부터 많은 자극이 발전의 원동력이 되기도 하지만, 어떨 때는 스스로를 감각을 열고 깨워 밖이 아닌 내 내면과 만나보는 시간이 필요하다.

3. 몸을 악기화 하여 사용한다

몸이 악기가 되면 리듬을 타게 되고 스스로 민망하다 생각되는 부분의 틀을 깰 수 있다. 평소에 표현이 어려워 상대에게 잘하지 못했던 부분도 이런 방법을 통하여 조금씩 자연스럽게 표현하면, 두려움을 없애고 점차 사람들과 하나가 되는 조직 커뮤니케이션에 도움을 받을 수 있다.

자신이 몸을 편중되게 쓰는지, 생각의 틀에 갇혀 있는지, 자꾸 변화를 주어 창의적인 것을 좋아하는지, 순발력이 있는지 스스로 자신을 점검해 볼 수 있다.

다양한 움직임을 통해 자신을 표현하는 일은 쉽지 않다. 움직임이 제한되어 있는 사람들에게는 더 어려운 부분일 수 있다. 하지만 몸을 악기로 사용하면 간단하게 움직이고 생각하면서 리듬을 타다 보면 쉽고 재미있게 자신을 대면하는 시간을 가질 수 있다.

4. 고무줄을 사용한 놀이

고무줄을 사용하여 본인이 가고 싶은 곳으로 가고, 당기고 싶은 만큼 당기고, 풀고 싶은 만큼 풀어보며, 자유로운 움직임을 해보며 평소에 자신의 기질이 드러난다. 리더의 성향인지, 팔로워의 성향인지 알 수 있고, 상대의 기질과 성향까지 알 수 있어 소통의 기술을 배워 나갈 수 있다. 자유롭게 움직이다 보면 주도적으로 끌어가려는 사람, 적극적으로 의견을 제시하는 사람, 끌려가면서 시키는 대로 하는 사람 등 다양한 성향을 알 수 있다.

5. 제자리 전신운동 및 춤을 통한 세로토닌 분비

운동은 꼭 회원권을 끊고, 학원이나 헬스클럽에 가야 할 수 있는 것이 아니다. 일하다 중간에도 할 수 있고, 짬짬이 틈나는 시간에 몸이 결리거나 움직임이 필요한 곳을 움직여 주며 유산소 운동 효과를 통해 심폐기능과 근력도 강화할 수 있다. 또한 이완으로 경직되고 반복되는 일을 통해 불편함이 있는 내 몸을 편안하게 바꿀 수도 있다. 간단한 체조로도 운동의 효과를 볼 수도 있고 춤으로 승화시키면 지루함을 없앨 수 있다. 혼자서도 할 수 있지만 다양한 방법으로 주변의 동료와 친구들과도 즐겁게 할 수 있다.

"평생 삶의 결정적인 순간을 찍으려 발버둥 쳤으나, 삶의 모든 순간이 결정적 순간이었다."

프랑스 사진작가 앙리 카르티에 브레송은 말했다.

필자 역시 평생 삶의 결정적인 순간을 표현하려 발버둥 쳤으나, 삶의 모든 순간이 결정적 순간이라는 것을 알기까지는 오래 걸리지 않았다. 오로지 무용만이 전부였던 삶에서 이제 삶의 모든 순간을 무용으로 여기며 무브먼트 리더십을 통해 새롭게 태어나고 있다.

신

은

영

통통리더십은 스스로 자신의 생각과 행동을 변화시켜 자신의 삶에
영향력을 행사하는 것이다. 그러기 위해서는 무엇보다 먼저 내 마음
의 문을 활짝 열어야 한다.

나와 소통하는 힘, 통통리더십

왜 통통 리더십인가?

"통통리더십 강사 신은영입니다."

강의할 때마다 내세우는 인사말이다. 통통(通通), 막힘없이 소통한다는 것을 강조하기 위함이다.

통통리더십은 자기 자신을 막힘없이 소통하게 경영하는 리더십이다. 타인을 이끌려고 하기보다 먼저 자신을 주인공으로 내세워 스스로 관리하는 셀프리더십의 결정체다.

사람은 누구나 자신에게는 관대하고 남에게 원칙을 강조하는 경향이 있다. 그러다 보니 리더십을 배우면 자신을 살피기보다 부하직원이나 타인의 문제점을 지적하고 그것을 개선해 주려는 쪽으로 에너지를 쓰는 분들이 많다. 리더십의 좋은 내용을 배워서 잘못 활용하는 경우가 벌어지는 것이다.

통통리더십으로 단련된 사람은 오히려 남에게 관대하고 자기 자신에게 철저히 원칙을 적용한다. 그렇기 때문에 결코 누구를 탓하거나, 상황을 탓하지 않는다.

세상은 상위 1%에 의해 경영된다고 해도 과언이 아니다. 그들은 누구보다 먼저 자기 자신에게 철저한 통통리더십을 갖춘 위인들이다. 자기 자신을 리드하지 못하는 사람은 한계가 드러나 뛰어난 능력을 갖고 있더라도 성공하는 조직과 집단의 리더로 올라 설 수가 없다.

산업화 시대에는 소품종 대량생산으로 성공하는 기업이나 조직이 많았다. 하지만 지금은 사람들의 다양한 욕구가 반영되면서 다품종 소량생산의 시대로 들어서고 있다. 소품종 대량생산의 시대에는 회사의 방침이나 지도자의 계획대로 움직여 주는 것만으로도 충분했다.

하지만 다품종 소량생산이 대세인 시대에는 구성원이 열정과 신뢰를 가지고 일할 수 있도록 자발성을 길러 주는 통통리더십이 더욱 중요하다. 잘 키운 직원 하나가 회사 전체를 먹여 살리는 상품을 개발할 수 있다.

개인과 전체는 뗄레야 뗄 수 없는 관계다. 회사나 조직이 살아 남기 위해서는 조직원들이 통통리더십을 발휘할 수 있는 풍토를 만들어 주어야 한다. 그것이 곧 다품종 소량생산의 시대에 살아남는 전략이다.

통통리더십은 개인을 위해서 더욱 필요하다. 예전에는 개인의 능력이 좀 부족해도 전체에 묻혀가며 혜택을 누리는 경향이 강했다.

하지만 지금은 개인의 능력을 발휘하지 않고 조직에 묻혀 가려 하다가는 언제 도태될지 모른다. 토사구팽의 세태를 탓할 겨를이 없다. 개인으로서 살아남기 위해 통통리더십을 단련하지 못한 자신을 탓해야 한다.

동동 동대문을 열어라!

"동동 동대문을 열어라. 남남 남대문을 열어라."

친구들이 서로 마주서서 손을 잡고 높이 치켜들면, 그 사이로 고개를 숙이고 통과하는 놀이다. 노래에 맞춰 친구들끼리 얼마나 신나게 놀았던가? 요즘은 컴퓨터와 스마트폰이 나오면서 홀로 즐기는 시간이 많지만, 필자가 어렸을 대만 해도 친구들과 어울리지 않으면 놀이에 낄 수 없었다. 밥만 먹으면 밖으로 나와 친구들과 어울렸다.

필자는 의상과를 졸업하고 의류회사에 디자이너로 취직한 입사 초기에 거의 매일 동대문 광장시장을 누비곤 했다. 옷에 필요한 각종 부자재 구입, 안감, 새로운 원단에 대한 시장조사 등이 주업무였다. 동대문 종합상가에서 광장시장까지 수천 번은 왔다 갔다 했던 것 같다.

"피할 수 없는 고통이라면 즐겨라."

그때 수없이 되뇌던 말이다. 마음을 좋게 먹으니 시장의 문이 열리자마자 동대문을 활보하는 일은 정말 신나고 재미있는 놀이가 되었다. 어렸을 적 뛰어놀던 '동대문놀이'가 저절로 흥얼거려졌다.

"동동동대문을 열어라."

그때 직장 생활이 '동대문놀이'와 크게 세 가지 면에서 같다는 생각을 했다.

첫째는 엄청난 체력을 필요로 하고,

둘째는 즐기면 놀이지만 그렇지 않으면 고통이고,

셋째는 고개를 숙이면 함께 할 수 있지만 빳빳이 들면 결코 함께 할 수 없다는 것이다.

지금도 이 생각에는 큰 변함이 없다. 단지 그때보다 사회경험을 더 많이 하다 보니 체력과 재미보다는 자꾸만 고개를 숙여야 했던 모습이 눈에 선하게 떠오른다. 셀프리더십을 공부하면서 더더욱 〈동대문놀이〉가 떠올랐다.

앞에서도 말했지만 통통리더십은 누구를 어쩌려고 하는 것보다 바로 자신을 변화시키려는 마인드가 기본이 되어야 한다. 자신을 변화시키기 위해서는 무엇보다 먼저 자신을 낮추는 일이다. 자신을 낮추는 것을 부끄럽게 여기는 경우가 많지만, 기실 따지고 보면 자신을 가장 잘 낮추는 사람이 가장 높임을 받는 사람이다.

〈동대문놀이〉를 즐기려면 먼저 고개를 숙여야 한다. 습관이 되지 않으면 쉽게 걸려들어 금방 술래가 되지만, 고개를 숙이는데 익숙해지면 웬만한 상황에서도 걸려들지 않아 놀이를 재미있게 즐길 수가 있다. 통통리더십을 이야기할 때마다 제일 먼저 〈동대문놀이〉를 상기시키는 이유다.

여러분도 한번 따라해 보자.

"동동 동대문을 열어라.

남남 남대문을 열어라."

제일 먼저 무슨 생각이 드는가? 친구들이 서로 손을 잡고 치켜든 사이로 고개를 숙이고 들어가는 모습이 떠오르지 않는가? 먼저 그 마음을 그대로 가슴에 새겨보자. 사람들 앞에서 허리를 숙이는 그 마음을 새겨서 습관으로 만드는 것이 통통리더십의 기초를 다지는 첫걸음이다.

자신과의 소통을 통해 강점을 찾아라

중국에는 세계에서 가장 큰 궁궐인 자금성이 있다. 황제가 잠을 자기 위해 침실에 가려면 99개의 문을 열어야 한다. 호시탐탐 목숨을 노리는 적들이 많기에 철통같은 보완 대책을 마련한 것이다. 그런데 아무리 보완을 강화했더라도 정작 궁궐 내부에서 생기는 문제에는 속수무책이다. 권력암투로 외부의 적보다 내부의 적에 의해 목숨을 잃은 황제가 많다는 것이 이를 증명한다. 겉으로는 한없이 부러운 황제의 삶이지만, 막상 그 내막을 알고 나면 결코 행복했다고 볼 수 없는 삶이다. 정작 경계해야 할 것은 99개의 문밖에 있는 적이 아니라 안에 있는 적이라는 것을 일깨워준다.

통통리더십에서 자신과의 소통을 강조하는 이유도 여기에 있다.

우리의 마음은 자신을 지키기 위해 저마다 수십 개 이상의 문을 갖고 있다. 사람에 따라 문의 모양이나 개수는 천차만별이다. 세상과 소통하고 잘 지내는 사람은 마음의 문이 활짝 열려 있고, 폐쇄적이고 고립적인 삶을 사는 사람은 수십 개의 빗장을 걸어 있다.

세상과 소통하며 행복하게 살고 싶다면 무엇보다 먼저 마음의 빗장을 열어야 한다. 누구보다 먼저 자신과 소통할 줄 알아야 한다. 지금 이 시간 자신을 가만히 들여다 보며, 본인이 스스로 걸어둔 빗장이 얼마나 되는지 살펴볼 필요가 있다.

"나는 누구인가?"

자신과 소통을 위해서는 수시로 내면의 소리에 귀 기울여야 한다. 내가 원하는 것은 무엇인가? 나는 어떤 강점을 가지고 있는가? 지금 내가 할 수 있는 최선의 선택은 무엇인가? 나는 무엇이 문제인가? 내가 집중해야 할 일은 무엇인가? 끊임없이 자신에게 묻고 대답하는 시간을 통해 자신의 강점을 찾아야 한다.

현대사회로 오면서 인간은 자신과 소통하는 시간이 줄어들었다. 일에 쫓기다 보니 다람쥐 쳇 바퀴 돌듯 바쁘게 살아가면서 정작 중요한 자신을 놓치고 있는 것이다. 자신을 모르는 것은 가장 큰 문제이자 두려움이고 정말 고치기 힘든 병통이다.

동물들이 학교를 만들었다. 그들은 달리기, 오르기, 날기, 수영 등으로 짜인 교과목을 채택했다. 동물학교는 행정을 쉽게 하기 위해 모든 동물이 똑같은 과목을 수강하도록 했다.

오리는 선생님보다도 수영을 잘했다. 날기도 그런 대로 해냈다. 하지만 달리기 성적은 낙제였다. 오리는 학교가 끝난 뒤에 달리기 과외를 받아야 했다. 달리기 연습에 열중하다 보니 그의 물갈퀴는 닳아서 약해졌고 수영 점수도 평균으로 떨어졌다.

토끼는 달리기를 잘했지만, 수영 때문에 신경쇠약에 걸렸다. 다람쥐는 오르기에서 탁월한 성적을 냈지만 날기가 문제였다. 날기반 선생님이 땅에서 위로 날아오르도록 하는 바람에 다람쥐는 좌절감에 빠졌다. 날기에서는 타의 추종을 불허하는 솜씨를 보였지만 다른 수업에는 아예 참석도하지 않은 독수리는 문제 학생으로 전락했다.

결국 수영을 잘하고 달리기와 오르기, 날기는 약간 할 줄 알았던 뱀장어가 가장 높은 평균 점수를 받아 학기말에 졸업생 대표가 되었다.

교육학자 리브스(RH. Reeves)박사가 지은 '동물학교'라는 우화의 이야기다. 많은 사람이 자신의 강점을 찾지 못한 채 능력이나 재능을 썩힌다. 강점을 찾기보다는 약점을 보완하는데 급급해서 무엇 하나 뛰어난 것 없는 뱀장어와 같은 평범하고 획일화된 수동적인 삶을 살아가고 있다. 자신만의 핵심역량을 살려가지 못하기 때문이다.

오케스트라의 연주음악이 아름답게 들리는 것은 서로 다른 강점의 악기들이 모여 천상의 화음을 만들기 때문이다. 인간이 가진 본성은 스스로 주체가 되어 행동하는 것이지 남의 행동에 의해 이끌려 가는 것이 아니다. 그럼에도 우린 자기 자신과의 원활하게 소통하지 못한다. 그로 인해 자신의 삶의 주도성을 잃고 스스로 이끌어가는 힘을 기르지 못하고 있다.

성공한 사람들의 공통점 중 하나가 자신의 강점을 찾는데 많은 시간을 보낸다는 것이다. 자신의 강점을 찾게 되면 열정이 생긴다.

'열정을 품은 1명은 관심만 있는 99명보다 위대하다.'

아이디어 하나로 1400만 명을 사로잡은 청년 사업가 '배달의 민족' 김봉진 대표가 있다. 그는 독특하고 기발한 광고와 아이디어를 내세운 청년 기업가이자, 대통령표창을 받은 주목받는 청년사업가다.

TV에 출연한 그에게 방청객으로 참석한 청년이 물었다.

"유사한 배달 앱들이 많은데 '배달의 민족'의 강점이 무엇이라 생각하십니까?"

김 대표가 청년에게 되물었다.

"질문하신 분은 '배달의 민족'의 강점이 뭐라고 생각하십니까?"

"편리합니다."

청년의 대답을 들은 김대표는 그때서야 말을 이었다.

"사실 업체 수나 편리성은 다 고만고만합니다. 자신만의 장점을 살리는 것이 중요한 거죠. 경쟁상대를 의식하고 뭔가를 만들면 실수를 하게 됩니다. 하지만 자기다움을 찾으면 자기 것을 공고히 쌓아 나가게 되고, 그것이 오히려 남들이 나를 의식하게 만듭니다."

통통리더십은 바로 여기에 있다. 남을 의식하기보다 자신의 강점을 발견하여 집중하는 것, 그것이 바로 통통리더십의 골격이다.

자신의 강점을 발견하기 위해서는 무엇보다 자신을 먼저 돌아보는 것이 중요하다. 그러기 위해서 '나를 발견하는 인터뷰'를 스스로에게 해보는 것이 필요하다.

'나를 발견하는 인터뷰'는 스스로에게 질문하는 시간을 통해 자신의 강점을 발견하여 자기다움을 찾아가기 위해 절대적으로 필요한 과정이다.

TIP. 나를 발견하는 인터뷰

1. 태어나서 지금까지 있었던 일중에서 제일 기억에 나는 에피소드를 적어보세요.

→ _____

2. 지금까지 살면서 나를 있게 한 핵심적인 단어3가지는 무엇인가요?

→ _____

3. 가장 좋아하는 것이나 일 5가지를 적어 보세요.

→ _____

4. 지나온 경험에서 자신이 가장 자랑스러웠던 순간은 언제인가요?

→ _____

5. 스스로에게 칭찬 한마디 한다면?

→ _____

가슴 뛰는 열정을 찾아라

열정을 평가절하하지 마라. 유능하지만 아무것도 못 이루는 사람도 있고,
매사에 열심인데 성취하지 못하는 사람도 있다. 자신의 직업을 사랑하고
일을 열심히 하면서 열정을 전하는 사람들이 성취를 이룬다.

- 랄프 왈도 에머슨

"대기업만 바라보고 스펙만 쌓는 아이들이 많네요. 참 안타까운
일이에요. 정말 탄탄하고 건실한 중소기업에서 취업의뢰가 들어와
도 학생들이 선뜻 취업을 하려고 하지 않네요. 웬만큼 공부를 하는
아이들은 대기업을 바라보며 재수든 삼수든 마다하지 않겠다며 딴
눈을 팔고, 성적이 별로인 아이들도 좀 여건이 좋은 중소기업을 추
천해 줘도 자신이 해야 할 일이 많다는 것을 알고는 자신 없다며 거
들떠보지도 않네요."

어느 대학교수가 필자에게 직접 들려준 이야기다. 청년실업 문제
가 심각한 사회문제로 대두되고 있는 시점에서 정말 생각해 볼 문
제다.

많은 청춘이 자신이 잘할 수 있는 일을 찾아 그 일에서 주인공이
되려는 계획을 세우기보다 그저 남에게 보여주는 나를 만드는 일에
더 많은 시간만 할애하고 있다. 대기업 취업에 매달리며 인생의 소
중한 시기를 보내고 있다.

2013년 중소기업 중앙회의 '인력실태 조사보고서에' 따르면 중

소기업의 70%가 인력난에 시달리고 있다. 중소기업에서는 일할 사람을 찾기 힘든데, 정작 한창 일을 해야 할 청년들은 대기업 취직에 매달리며 허송세월을 하고 있는 것이다.

이런 현상을 어떻게 바라봐야 할까? 공채에 약 10만 명이 몰리고, 현대자동차 공채경쟁률이 100대 1을 넘기는 현상은 국가적으로도 정말 큰 손해이다.

언제부턴가 우리 사회는 획일화된 꿈을 가진 사람들이 늘어나기 시작했다. 각자의 개성이나 특성을 살리려는 노력보다 소위 일류대학, 최고의 직장만을 꿈꾸는 사람들이 늘어나고 있다.

필자는 고등학교를 졸업할 때까지 공부에 별다른 취미를 느끼지 못했다. 하지만 대학에 진학해서 열정을 찾기 시작했다. 무엇보다 좋아하는 의상디자인을 하면서 내 안의 열정을 느끼기 시작했기 때문이다.

정말 하고 싶은 일을 하다 보니 사물과 자연을 응용해서 디자인하고, 원단을 자르고 꿰매는 일들이 재미있었다. 새로운 아이디어를 떠올리며 창작을 위해 밤을 새우는 것은 아무 일도 아니었다. 과제를 할 때도 마냥 즐겁기만 했다. 그 덕분에 교수님 추천으로 제일 먼저 취업을 했다. 비록 작은 회사였지만 일하는 만큼 능력을 인정해 주는 분위기가 좋았다.

일은 많고 고되었다. 그때마다 일이 많다는 것은 그만큼 기회가 많은 거라고 생각했다. 백화점 세일기간에는 판매지원을 나가기도 했는데 아침부터 밤늦게까지 서서 판매하는 일은 녹녹하지 않았다.

봉제공장에서 생산 일정을 맞추기 위해 야간작업을 도우는 일도 수시로 했다. 꿈과 열정이 있었기에 모든 일이 다 즐거웠다.

> 나는 세상에서 가장 재미있는 직업을 가졌고 매일매일 일하러 오는 것을 매우 좋아 합니다, 언제나 새로운 도전, 새로운 기회, 새로운 배울 거리가 있거든요. 자신의 직업을 이처럼 즐길 수 있다면, 결코 지치거나 힘들지 않을 것입니다.   -빌 게이츠

"잘할 수 있는 일에 집중하고 도전하라."
자신의 목표가 분명한 사람은 무엇보다 먼저 자신이 잘할 수 있는 일에 집중하고, 그것을 이루기 위해 끊임없이 도전해 나간다. 부딪치는 문제가 어려울수록 도전정신을 가지고 모험을 감수한다. 그것이 삶을 더욱더 가치 있게 만들어 주기 때문이다.

먼저 자신이 잘할 수 있는 일이 무엇인지 찾아보자. 가슴 뛰는 열정을 불러 일으키는 일에 집중하자. 그것이 곧 내가 가장 잘할 수 있는 일일 확률이 높다.

통통리더십은 스스로를 존중하는 것이다

"식사 잘 하셨나요? 제가 커피 타겠습니다. 필요하신 분 손들어 주세요."
회사에 입사했을 때 점심을 먹고 오면 너무나도 당연하게 여직원

에게 커피 심부름을 시키는 남직원들이 못마땅한 적이 있었다. 특히 나이가 어린 여직원들은 수시로 커피 심부름을 하는 것을 보고 안 되겠다 싶었다. 그 찜찜한 마음을 어떻게 바꿔볼까 하다 생각해 낸 묘책이 먼저 주문을 받는 것이었다. 남직원뿐만 아니라 여직원에게도 원하는 이에게 커피를 정성껏 타서 주었다. 여자니까 시키면 당연히 해야 한다는 마음이 아닌 누군가 해야 할 일을 내가 알아서 한다는 마음으로 하면 전체에게 활기를 심어 준다.

"신은영 씨 커피 드실래요? 오늘은 제가 커피 주문받겠습니다."

얼마 지나지 않아 여직원에게 자연스럽게 커피 심부름을 시키던 남직원들의 태도가 변하기 시작했다. 내게 맡겨진 일에 최선을 다해 프로처럼 일하고, 먼저 나를 낮춰 궂은 일을 해나가니 좋은 사람들이 따라붙기 시작한 것이다. 그렇게 우리 회사는 누가 시키지 않아도 자발적으로 여유 있는 사람이 커피를 타주는 분위기가 확산되었다.

회식 자리에서도 마찬가지다. 여자가 아니라도 누군가 물을 따르고, 고기를 자르고, 궂은 일을 해야 한다. 물론 요즘은 남자들이 훨씬 고기도 잘 굽고 요리도 잘 한다. 그러나 그때는 쉽게 볼 수 있는 일이 아니었다.

'나도 똑같은 직원인데 내가 왜 이런 일을 해야 돼?'

이런 마음으로 가만히 앉아 있으면 누군가 그 일을 하게 되고, 나는 당연히 해야 할 일도 하지 않는 약삭빠른 사람으로 찍히게 된다.

스스로를 낮추고 존중하는 것이 통통리더십이다.

"누구든지 자신을 높이는 이는 낮아지고 자신을 낮추는 이는 높아 질 것이다."

자신이 충분히 높이 있다고 생각하는 사람은 스스로를 높이려 들지 않는다. 오히려 낮은 곳에 있는 사람이 자꾸만 스스로 높이려 든다. 왜 그러는 것일까? 낮은 곳에 있기 때문에 다른 사람이 자신을 무시한다고 생각하기 때문이다. 그런 마음 때문에 높은 자리에 올라 갈 수 없다.

자신을 존중하는 사람은 자신을 낮출 줄 알기에 그것 때문에 오히려 더 높은 곳에 갈 수 있다. 스스로를 존중하지 않으면서 다른 사람이 나를 존중해 주길 바라는 것은 어불성설이다.

낮은 곳에 있더라도 자기를 존중하는 사람을 우리는 존중하게 된다. 그러므로 나를 낮추는 것에 두려움을 버리고 스스로를 존중하는 것이 무엇인지를 깨닫는다면 더욱 높은 자리에 오를 수 있는 것이다.

자신의 신념을 긍정적인 언어로 표현하라

스스로 믿는 것을 신념이라 부른다. 사람이 다른 동물보다 다른 것은 신념을 목숨보다 더 중요하게 여기는 마음이 있다는 것이다.

"살려고 하면 죽을 것이요, 죽으려고 하면 살 것이다."

죽음까지 두려워하지 않는 신념은 초인적인 힘을 발휘하게 한다. 역사적으로 우리는 인간의 힘으로 할 수 없는 일들이 신념에 의해 이뤄진 것들을 많이 본다.

따라서 자신의 신념이 무엇인지 명확히 세우는 일은 매우 중요하다. 자신이 되고 싶거나 갖고 싶은 것, 해 보고 싶거나 원하는 것이 있다면 목록을 적어봐야 한다. 그렇게 구체적으로 적다 보면 어느새 그것들을 이루고 말겠다는 신념이 생기는 것을 알게 되고 그 신념대로 일들이 이뤄지는 경험을 할 수 있다.

또한 신념은 자기암시의 다른 이름이다. 자기암시를 할 때는 긍정적인 언어로 표현해야 한다. 그런데 우리는 긍정적인 언어보다 부정적인 언어를 많이 사용한다. 하지만 우리의 잠재의식은 부정형을 이해하려면 복잡한 과정을 거쳐야 한다.

"나는 내일부터 지각을 하지 않을 거야."

이 말을 이해하려면 먼저 '지각'이라는 말을 떠올려야 하고, 그 다음에 '하지 않을 거야'라는 말을 떠올려야 한다. 한 가지 일을 하는데 두뇌가 연쇄적인 반응을 보여야 하는 것이다. 한 가지 일을 하면서 두 개의 에너지를 써야 하는 것이다.

"나는 내일부터 일찍 출근할 거야."

그런데 이 말은 어떤가? 같은 뜻인데 긍정적인 말로 표현하면 단순히 '출근할 거야.'만 떠올리면 된다. 얼마나 간단하고 인식하기 쉬운가? 그냥 출근할 에너지만 쓰면 된다. 하나의 에너지로 원하는 것을 이룰 수 있는 것이다.

사람은 누구나 목표를 가지고 있다. 그런데 어떤 사람은 그 목표에 쉽게 접근하는 사람이 있는가 하면 어떤 이는 전혀 다른 길로 새는 경우가 있다.

지금 내 목표가 제대로 세워져 있는지 확인하고 싶다면 먼저 "-

을 하자."는 긍정언어로 이뤄졌는지, "–을 하지 말자"는 부정언어로 이뤄졌는지 점검해 보자. 그리고 먼저 긍정언어로 목표를 명확히 세워보자.

그런 다음에 신념을 좀 더 분명히 하기 위해 '나는 000이다' 라는 문장으로 자신의 신념을 표현해 보자.

TIP. 나의신념 긍정언어로 표현하기

'나는 0000하는 000이다.' 10가지 적어보기

예: **나는 꿈과 희망을 디자인하는 행복디자이너 신은영**이다.

나는＿＿＿＿＿＿＿＿하는＿＿＿＿＿＿＿＿이다.

나답게 일하고, 오너처럼 행동하라!

블룸버그 비즈니스 위크 잡지 최신호에 '후터스 걸'로 사회생활을 시작한 35세인 캣 콜이 시나몬의 최고경영자가 되기까지의 성공담이 실려 있다. 시나몬은 최근 빠르게 성장하는 음식 브랜드 중 하나다. 지난 10년간 매장을 500개에서 1100개로 성장시킨 시나몬은

'건강의 적'이라는 비난을 받을 정도로 800kcal가 넘는 설탕빵을 판매한다. 그럼에도 고속성장을 하는 이유에는 새로운 것을 찾아 스스로 주인이 되겠다는 경영자 콜의 셀프리더십이 있었기 때문에 가능한 일이다.

콜은 어렸을 때 부모님이 이혼하면서 한 달에 40달러로 생계를 유지하는 어머니를 돕기 위해 16세에 '후터스' 여종업원으로 취업을 한다. 후터스는 여성 종업원들이 배꼽이 드러나는 상의와 미니스커트를 입고 서빙하는 맥주집이다. 뭇남성의 '눈길'을 받아야 하는 힘든 일이지만 콜은 성심성의껏 일해서 금방 주방관리, 매장 매니저 등으로 승진을 거듭했다. 후터스에서는 갓 19세인 그에게 호주의 첫 매장 개설을 맡아 달라고 부탁했다. 콜은 생전 타보지도 못한 비행기로 호주행을 택한다. 아무 배경지식도 없던 콜은 시중의 모든 경제잡지를 탐독하며 호주 시장을 공부했다. 결국 40일만에 성공적으로 매장을 열었다.

이듬해 후터스 본사는 고졸의 콜을 임원으로 불러 들였다. 그리고 멕시코와 아르헨티나 등 해외 시장의 매장 개설 업무를 일임했다. 26세 때 부사장으로 승진하고 나서야 겨우 대학 졸업 학위를 땄다. 회사가 맡긴 업무가 너무 많아 학교에 갈 시간이 없어서였다.

2010년에는 시나몬을 소유하고 있던 포커스브랜드가 콜을 불러 들였다. 최고운영책임자(CEO)로 업무를 시작했고, 1년도 안 돼 CEO로 승진했다. 이후 특기를 살려 리비아, 사우디아라비아 등 오지에 매장을 연이어 개설했다. 최근엔 타코벨 등 다른 프랜차이즈 업체와 계약을 맺고 매장을 빌려 시나몬 빵을 팔고 있다. 2011년 7억

2500만 달러이던 매출은 올해 10억 달러를 넘을 전망이다.

- 한국경제 뉴스

일을 한다는 것은 자신을 이끌어가는 힘의 원천이자 나를 찾고 실현하는 중요한 방법 중 하나이다. 하지만 자기 자신을 제대로 알지 못하고 학창시절 잘나가던 자신의 모습만을 회상하며 차고 넘치는 스펙만을 믿고 있다면 아무 것도 할 수 없다.

직장인이 되면 자신의 지위에 맞는 단계를 거쳐야 한다. 아무리 자신의 능력을 믿고 프로젝트를 멋지게 수행하며 승승장구하는 꿈이 있다고 하더라도, 처음에는 복사 심부름하고 서류정리에 시달릴 수도 있다. 그때 자신의 능력을 몰라준다고 회사를 원망하며 사표를 쓸까말까 고민한다면 셀프리더십을 살펴보자.

과연 얼마나 자신에 대해 알고 있는가? 자신이 하고 있는 일에 대한 확고한 신념이 있기는 한가? 자신의 미래를 확실하게 꿈꾸고 있는 이라면 절대로 조급해하지 않는다. 자신이 처한 환경에서 남이 알아주든 몰라주든 맡은 일에 자신의 일에 최선을 다하며 기회를 기다린다.

"직장인이라면 자신의 돈으로 투자하고 판매하는 것처럼 '절박하게' 고민하고 행동해야 성공할 수 있습니다. 단순히 '대리인'의 생각으로 '적당히' 행동해서는 결코 치열한 경쟁에서 이길 수 없습니다. 오너처럼 행동하고 생각해야 실력도 쌓이고, 궁극적으로는 CEO도 되고 오너도 될 수 있습니다."

-워렌 버핏

주인의식이 없는 사람은 그저 자신에게 맡겨진 일만 수동적으로 처리하기에 급급하다. 주인의식이 있는 사람은 모든 일에 적극적이고 꼭 필요한 자리에 설 줄 안다.

"세상이 곧 내 회사다.'

"내가 세상의 주인이듯이 내가 곧 사장이다."

한번쯤 가슴에 품어 볼 야망이다. 세상을 회사처럼, 내가 곧 세상의 주인인 것처럼 사는 사람은 무슨 일을 하든 주인처럼 일하게 되어 있다. 어느 자리에서건 즐겁게 일할 수 있고 자신이 하는 일과 직장에 대한 긍지로 자신의 능력 이상을 펼칠 수 있는 기회가 주어진다.

인문학적 감성으로 상상력을 키워라

요즘은 공공기관이나 대기업에서 인문학 관련 인사들을 초청해서 강연회를 여는 일이 흔한 행사처럼 자리 잡았다. 매우 바람직한 현상이다.

"아이폰은 기술과 인문학의 교차점에서 나왔다."

"소크라테스와 점심식사를 함께 할 수 있다면 우리 회사의 모든 기술을 그것과 바꾸겠다."

스티브 잡스는 아이폰 탄생 배경을 발표할 때 파격적인 발언을 했다. 그 영향 덕분인지 IT의 CEO가 인문학에 관심을 갖는 모습이 보기 좋다.

IT기업이 아무리 최신 기술을 앞세워 경쟁하지만 그 경쟁력의 원천은 바로 사람이다. 기술은 사람을 위해 존재 하는 것이고, 사람의 의해서 더욱 새롭게 발전해 나갈 수 있다.

기술을 발전시키려면 무엇보다 먼저 사람을 알아야 한다. 많은 사람이 기술을 따라 잡으려 애쓰지만 앞서 가는 사람은 먼저 기술이 사람을 찾아오게 한다. 기술은 인간을 위한 것이고 인간의 니즈에 맞게 개발되고 발전해야 성공할 수 있기 때문이다.

그 중심에 인문학이 있다. 인문학은 인간을 이해하고 사랑하는 학문이다. 문학과 역사와 철학을 통해서 나 자신을 들여다 보고 타인과 세상을 따뜻한 시선으로 바라 볼 수 있는 균형 잡힌 시야를 갖게 해주는 것이 인문학이다.

인문학의 중요 항목인 비판정신은 현대사회 기술개발에 필요한 창의력의 원천이 된다. IT기업에서 인문학을 강화할수록 직원들의 창의성이 발달해서 신제품 개발에 큰 역할을 한다.

"상상력이 세계를 지배한다."
나폴레옹의 상상력은 그의 원대한 야망으로 실현되었다. 알프스 산맥은 넘을 때도 항상 책을 곁에 두었다는 일화에서 보듯이 나폴레옹의 꿈과 야망은 무에서 유를 창조해내는 힘을 발휘했다.

오늘날 우리는 에디슨의 상상력 덕분에 무한한 문명의 혜택을 누리고 있다. 햇빛이 사라진 밤을 대낮처럼 밝힐 수 있는 불빛을 발명하겠다는 상상력은 어디에서 나온 것일까? 에디슨의 상상력은 수천 권을 섭력한 왕성한 독서력에서 나온 것이다.

요즘 들어와서 책을 많이 읽는 것이 좋다고 다독을 목표로 책읽기 계획을 세우는 사람들이 많다. 물론 박수와 격려를 받아야 할 일이다. 하지만 워낙 많은 책이 나와서 어떤 책이 좋은지 선별하기도 힘든 요즘에 다독만으로 얻을 수 있는 것은 많지 않다.

따라서 무조건 많은 책을 읽는 것보다 이미 좋은 책이라는 것을 역사가 증명해 주는 고전인문에 관심을 갖는 것이 중요하다. 오랜 시간 동안 많은 이들의 사랑을 받았다는 것은 그만큼 가치가 있다는 것이다. 따라서 고전 인문서를 접하다 보면 자신도 모르게 인문학적 감성과 상상력으로 채워져 나가는 지적 충만함을 느끼게 될 것이다.

목표를 글로 적고 공개 선언하라!

어느 날 딸아이가 종이에 무엇인가를 열심히 적더니 아빠에게 내밀었다.

"아빠, 여기다 사인하세요."

"이게 뭐야?"

당황한 남편은 종이를 받아들고 잠깐 보더니 겸연쩍게 웃었다. 그리고 딸에게 물었다.

"아빠가 담배 피는 게 그렇게 싫니?"

"네, 저랑 여러 번 약속했는데 안 지키시잖아요. 그러니까 여기 각서에 사인하세요."

아빠는 2013년 8월말까지 담배를 끊는다.

딸아이가 내민 종이에는 이렇게 씌여 있었다. 남편은 꼼짝없이 사인을 하고 담배를 끊겠다는 약속을 할 수밖에 없었다. 딸아이는 사인받은 종이를 아빠가 출퇴근 할 때마다 볼 수 있도록 현관문에 붙여 놓고, 그날부터 카운트다운에 들어 갔다. 6월말이니까 두 달 간에 여유를 준 것이다. 아이는 아빠에게 거의 매일 앵무새처럼 말했다.

"아빠! 담배 끊는 날이 한 달 하고 29일 남았어요."

"아빠! 담배 끊는 날이 한 달하고 3일 남았어요."

"아빠! 담배 끊는 날이 5일 남았어요."

딸아이는 혹시라도 아빠가 잊을까, 약속을 지키지 못할까 싶어 거의 매일 날짜를 확인 시켜 주었다. 마침내 약속날짜인 9월 1일이 왔다. 신기하게도 8월 31일까지 담배를 피운 남편은 거짓말처럼 담배를 딱 끊었다. 물론 지금도 담배를 피우지 않는다.

목표가 있다면 글로 적고, 눈에 잘 보이는 곳에 붙여 두고 공개적으로 선언하자. 그러면 그동안 마음만 먹고 쉽게 이루지 못했던 일을 이뤄나가는 놀라운 결과를 맛볼 수 있게 될 것이다.

우리는 일단 어떤 선택을 하거나 입장을 취하면, 스스로나 다른 사람에게 기존의 태도와 일관성을 유지해야 한다는 압력을 받는다. 그 압력 때문에 우리는 이미 내린 결정을 정당화하는 반응을 보인다. 그래야 자신이 올바른 결정을 내렸다고 확신할 수 있고, 당연히 그 결정으로 기분이 좋아지기 때문이다.　　　　　　　　　 - 〈설득의 심리학〉(로버트 치알디니) 중에서

마찬가지로 목표를 세웠을 때도 똑같은 힘이 발휘된다. 말로만 세운 목표는 시간이 흐르면서 퇴색하기도 하지만, 장벽에 부딪혔을 때 자기합리화를 시키며 주저앉는 경우가 많다. 하지만 글로 기록해서 잘 보이는 곳에 기록해 두면 수시로 자신을 점검할 수 있을 뿐만 아니라 다른 사람에게 공개한 목표를 이뤄야 한다는 압력을 스스로 받을 수밖에 없어서 성공할 확률이 높게 나타난다.

목표(目標)라는 한자는 나무 끝에 잘 볼 수 있도록 표시하여 매달아 눈으로 본다는 뜻을 담고 있다. 목표란 막연하게 마음속에 품고 있는 것이 아니라 언제나 구체적으로 볼 수 있도록 표시한 것을 뜻한다.

백두산을 올라가겠다고 그냥 잠자리에 누워서 생각만 하면 그것은 개꿈에 불과하다. 하지만 백두산 사진을 보면서 '저기는 높이가 얼마나 되고 거기에서 가장 높은 봉우리를 올라가려면 어떤 코스들이 있구나.' 하는 것들을 생각하며 바라보면 그것이 점점 가시화되고, 목표가 되어 언젠가는 백두산에 오를 수 있는 힘을 키워준다.

하버드 MBA과정 재학생들을 대상으로 목표설정에 관한 연구가 진행된 적이 있다. 재학시절 뚜렷한 목표를 세우고 그것을 달성하기 위한 구체적인 계획을 세운 학생은 전체의 3%였고, 13%는 목표는 뚜렷했지만 구체적인 실천 계획은 없었다. 그런데 졸업 후 그

들의 수입을 조사 해 본 결과 목표와 계획이 뚜렷했던 3%는 나머지 97%의 평균 수입의 10배에 달하는 수입을 올리고 있었고 목표만 있었던 13%는 나머지보다 평균 2배의 수입을 올리고 있었다.

목표와 계획이 같은 강의실에 앉아 있던 이들의 운명을 바꾸어 버린 것이다. 대부분의 사람들은 목표가 없으니 내비게이션을 준비할 생각도 하지 못한 채 길을 헤매고 있다. 하지만 목표가 분명한 사람은 어떠한 경우에든 내비게이션을 통해 지름길을 찾아간다.

글로 적고 공개 선언하는 것은 인생의 내비게이션을 장만하는 것과 같다. 글로 기록하지 못한 목표는 머릿속의 생각만으로 버려질 확률이 높다. 하지만 글로 기록한 목표는 내비게이션처럼 샛길로 새는 것을 방지하고 어떤 경우에도 지름길을 제시할 것이다. 정말 꿈을 이루고 싶다면 인생의 내비게이션을 장만하는 마음으로 반드시 글로 적고 공개선언을 하라. 지름길이 눈앞에 펼쳐질 것이다.

장기목표와 단기목표를 분명히 하라

필자는 서른에 결혼을 하고 아이를 가지면서 디자이너로 잘 나가던 직장을 그만두어야 했다. 처음 몇 주는 집에서 쉬는 것이 정말 좋았다. 그러나 그것도 잠시였다. 이제 이렇게 아이엄마가 돼서 집안에 눌러 앉아야 하는가? 뭔가 대책을 세우지 않으면 다시는 사회활동을 못 할 것만 같았다. 그때 평소 친하게 지내던 언니의 소개로 웨딩샵을 운영하기로 했다. 그때가 임신 5개월 차였다.

웨딩샵은 웨딩드레스를 구입하려면 많은 투자비를 필요로 하는데 지인의 소개로 통째로 인수하기로 했고, 기존의 예식장 고객도 인수해 준다고 해서 어림짐작으로 1년 안에 투자금을 회수하고 금방 자리를 잡겠다 싶었다. 모든 일에 자신감이 넘쳤고, 일을 시작하면 모든 사람들이 다 필자의 편에 설 줄 알았다.

하지만 세상은 호락호락하지 않았다. 당장 고정거래처를 주겠다던 전 주인이 약속을 뒤집은 것이다. 인맥을 활용해서 고정 거래처를 다른 곳으로 빼갔고, 사람만 믿었던 필자는 속수무책으로 당할 수밖에 없었다. 결과는 처참했다.

현재 우리나라는 창업을 준비하는 기간이 평균 8.6개월 정도로 나타난다. 창업자 중 절반 가량은 3개월 미만이고, 그 중에 20% 이상은 채 1개월도 준비하지 않은 상태에서 무턱대고 뛰어든다. 필자역시 20%의 속한 사람이었다.

그때의 실패는 뼈아픈 교훈이 되었다. 다시 시작할 일을 생각하며 실패 원인을 분석해 보았다.

첫째는 준비부족이었고, 둘째는 사람을 너무 믿은 것이다. 따지고 보니 사람을 너무 믿었다는 것도 결국은 창업을 앞두고 심도있게 준비하지 못했기 때문에 생긴 일이니까, 결국 근본원인은 첫째도 둘째도 준비부족이었다.

일반적으로 창업을 준비하는 사람이 80%가 생계형이라고 한다. 그러다 보니 충분히 준비할 경제력과 시간적, 심리적 여유가 매우 부족한 편이다. 창업에 성공하기 위해서는 적어도 1~2년 정도의 충분한 준비 과정을 거쳐야 한다.

"목표는 반드시 원대하게 잡아야 하지만
신의 능력을 살펴가면서 점진적으로 접근해야 한다."
-주자

무슨 일이든지 성공하고 싶다면 장기목표와 단기목표를 세워야 한다. 장기목표는 원대할수록 좋고, 단기목표는 장기목표에 도달하기 위한 실행계획으로 실행 가능한 것들로 구체적일수록 좋다.

에베레스트 산을 오르겠다고 등산 훈련을 하는 것과 한라산을 오르겠다고 등산 훈련을 하는 것은 차이가 있을 수밖에 없다. 뒷동산을 오르며 힘든 일이 생길 때마다 느끼는 생각이 다를 수밖에 없다.

에베레스트 정복이 목표랍시고 뒷동산 오르는 훈련을 생략하고 한라산부터 오른다면 어떻게 될까? 기초를 다지지 않고 무턱대고 산을 오르다 보면 힘이 부치게 되고, 그런 경험을 반복하다 보면 아예 꿈을 포기할 확률이 높다. 천 리 길도 한 걸음부터다. 에베레스트를 오르기 전에 수없이 작은 산을 오르며 그 성취감을 축적될 때 원대한 꿈도 이룰 수 있는 것이다.

장기목표를 세웠으면 그것을 이루기 위해 세분화해서 단기목표를 세워야 한다. 원대한 목표일수록 단기목표는 더욱 세분화 되어야 하고, 구체적으로 실천할 수 있는 있는 것부터 단계적으로 세워야 한다.

장기목표라고 해서 굳이 거창할 필요는 없다. 우선 지금 하고 있는 일에 기반을 두고, 그 일을 통해 얻을 수 있는 최고치를 목표로 세워야 한다.

필자는 웨딩샵을 닫고 당분간 가장 잘 해야 하는 육아에 전념하기로 했다. 그래서 이왕 할 육아라면 사업처럼 해보자고 마음을 먹었다. 웨딩샵의 실패 원인이 장기적인 전략과 구체적인 목표를 세우지 못했기 때문이라는 것을 알았다. 그렇다면 사업실패 원인을 분석한 자료를 바탕으로 육아를 위해서 장기적인 전략과 구체적인 단기 목표를 세우기로 했다.

우선 육아의 장기적인 목표로 행복추구를 세웠다. 아이를 키우는 이유는 행복한 삶을 위한 것이다. 많은 부모들이 아이를 위한다는 명목으로 오히려 행복을 깨뜨리는 경우가 많다. 하지만 지금 행복하지 않다면 미래의 행복이 무슨 소용이 있겠는가? 그래서 장기목표는 '어떠한 경우든 행복한 아이로 키우자'로 정했다.

구체적인 단기목표로 아이를 행복하게 키우려면 아이가 세상을 살아가는 지혜를 스스로 터득하게 해줘야 한다고 생각해서 독서를 선택했다. 그래서 '책을 좋아하는 아이로 키우자'로 정했다. 바로 그 이래 단계로 '초능학교 졸업할 때까지 3,000권의 책을 읽는 아이로 키우자'를 정했고, 더 세부적으로 '어렸을 때부터 매일 꾸준히 책을 읽어주자'는 계획을 세웠다.

장기목표 :

어떠한 경우든 행복한 아이로 키우자

중기목표 :

책을 좋아하는 아이로 키우자

단기목표 :

1. 초등학교 졸업할 때까지 3,000권의 책을 읽는

   아이로 키우자

2. 어렸을 때부터 매일 꾸준히 책을 읽어주자.

그때부터 큰아이에게 매일 책을 읽어 주기 시작했다. 처음에는 글 없는 그림책으로 시작해서, 점차 한 줄 글자가 있는 책으로, 그리고 점점 글자 수를 늘리며 하루도 빼지 않고 꾸준히 읽어 주었다. 어느 순간 아이는 장난감보다 책을 좋아하기 시작했다.

"엄마, 또 읽어주세요."

아이가 낮잠을 많이 잔 날은 밤늦도록 책을 읽어 달라고 보채 꾸벅꾸벅 졸면서까지 책을 읽어 준 적이 많았다. 어느덧 중학생이 된 큰아이는 목표한 3,000권의 책을 훌쩍 뛰어 넘는 책벌레가 되었다. 지하철이건 버스건 책을 보는 사람들은 거의 찾아보기가 힘들고 거의 대부분 핸드폰을 들고 있다. 심지어 연인끼리 마주앉아 대화 없이 서로 카톡만 하는 경우도 허다하다. 이런 환경 속에서도 무조건 책을 잡고 읽으며 책을 읽을 때가 가장 행복하다고 말하는 아이가 고맙다.

그런데 아이에게 책을 읽어주면서 더 좋은 일은 필자에게 생겼다. 아이에게 읽어준 책만큼 필자의 독서량도 늘었고, 그만큼 필자의 내적 성장도 크게 일어났다. 무엇보다 사고의 깊이가 늘었고, 발성과 발음도 더욱 정확해져 강사활동에 커다란 도움이 되었고, 강의 하면서 필요한 무궁한 자료의 원천을 갖출 수 있었다

장단기 목표 설정하기

1. 장기목표(3년 이상)

2. 중기목표(1~3년)

3. 단기목표(1년)

행동, 지금 당장 시작하자!

누구나 어릴 적 방학이면 어김없이 흰 도화지에 시계모양의 원을

그려 방학생활계획표를 그렸을 것이다. 뿌듯한 마음으로 계획표를 벽에 붙여놓고, 방학이 끝날 때까지 한 번도 실천하지 않은 적이 많았을 것이다.

목표를 세우고 계획하는 것은 그리 어렵지 않다. 그러나 어떤 꿈이든, 목표는 그저 뿌듯하게 바라만 본다면 아무 소용이 없다. 지금 꼭 하고 싶은 일이 있다면 지금 당장 행동을 시작하자! 실패를 두려워하지 말자. 설사 실패하더라도 그것은 성공으로 가기 위한 길임을 명심하자.

통통리더십은 스스로 자신과 소통을 통해 자신의 생각과 행동을 변화시켜 자신의 삶에 영향력을 행사하는 것이다. 그러기 위해서는 무엇보다 먼저 내 마음의 문을 활짝 열어야 한다.

동대문은 저절로 열리지 않았다. 친구들이 모이고, 서로 즐겁게 어울릴 때 활짝 열렸다. 또한 동대문이 열렸다고 해서 누구나 쉽게 들어갈 수 없었다. 반드시 그 문에 맞춰 고개를 숙여야 했다.

그래서인가? 통통리더십을 강의하는 요즘 들어 유독 "동동 동대문을 열어라"를 입버릇처럼 달고 다니는 모습을 자주 발견하고는 한다.

"언제 어디서나 동동 동대문을 열어라."

오늘도 수많은 수강생들 앞에 당당히 설 수 있는 용기를 불어주는 마법의 주문이다. 통통리더십으로 자신을 리드하기 위해 꼭 가슴에 새겨볼 일이다.

박
미
영

여성의 사회진출이 활발한 시점에서 남녀의 차이를 아는 것은 매우
중요하다. 직장에서 상사나 부하가 남자일 때와 여자일 때 접근하는
방법을 달리 해야 유능한 직장인으로 인정받을 수 있다.

여성리더십으로 리드하라

― AH! 하세요

여성리더십이란 무엇인가?

"남성은 세계를 지배하고 여성은 그 남성을 지배한다."

사회활동은 남성이 하고 여성은 그 남성을 내조해야 한다는 뜻도 담겨 있지만, 내면에는 남성위주의 사회에서 억압을 받는 여성들이 스스로를 위안하는 자조적인 의미도 내포하고 있다. 어찌 보면 여성이 남성보다 뛰어나다는 것을 강조하는 것 같지만 이면에는 여성의 사회활동을 부정적으로 보는 뜻도 담고 있는 것이다.

"남자는 여자 하기 나름이에요."

한때 유행했던 광고 카피도 따지고 보면 여성들이 사회활동에 제약을 받았던 시대를 반영하는 것이다. 사회활동은 남성에게 맡기고 여성은 그 남성의 마음을 얻어 편안한 삶을 누리라는 메시지로 해석할 수도 있다.

"여자가 배우면 뭐해? 남편 잘 만나 잘 살면 되지?"

불과 몇십 년 전까지 이런 말로 딸의 가슴에 대못을 박던 우리의 부모들이 얼마나 많았던가? 여성의 사회진출을 불온시하던 우리나라에서 여성 대통령이 나올 줄을 누가 생각이나 했겠는가?

지금은 각계각층에서 뛰어난 리더십을 발휘하는 여성이 많다. '철의 여인' 영국의 대처 수상과 전 세계에 큰 영향을 미치는 미국의 대통령 후보로 끊임없이 거론되고 있는 힐러리 미 국무장관의 존재감은 세계사를 새롭게 장식하고 있다.

일부에서는 당분간 여성이 지배하는 사회구조로 바뀌었다고 역설하기도 한다. 농경사회나 산업화 사회에서는 힘이 세고 카리스마 넘치는 지도자가 통치하기에 적합했지만, 정보화 사회로 접어든 지금은 유연하고 부드러우면서 추진력을 갖춘 지도자가 통치하기에 적합한 사회로 바뀌었다는 것이다.

개개인의 능력을 봐도 예전에는 힘을 쓰는 일이 많아서 남성이 사회활동에 유리한 구조였지만, 요즘은 기계화가 이뤄지면서 힘쓰는 일보다 교감과 소통을 잘 하는 여성이 리드하는 조직이 훨씬 성장하기 쉬운 구조로 바뀌었다.

여성리더십은 지위와 권력에 의존해서 조직을 위계에 따라 통치하려는 남성 리더십과 달리 개인의 능력을 중시하며 개인관계에 초점을 두고 조직원 스스로 주인이 되도록 이끌어주는 개념으로 적용되고 있다. 즉 가부장적인 수직적인 위계질서를 중요하게 여기는 남성 리더십과 달리 수평적이며 경쟁보다는 협동을 중요하게 여기는 관계 지향적인 리더십을 의미한다.

왜 여성리더십인가?

"과학 · 수학 분야 최정상에 여성이 적은 이유는 남녀의 타고난 능력 차이 때문이 아닐까?"

로렌스 서머스 하버드대학 총장이 말 한마디 잘못했다가 곤욕을 치른 적이 있다. 그가 특별히 여성을 차별할 생각으로 한 말이 아닐지 모른다. 하지만 그의 발언에 하버드대 여성 교수들이 들고 일어났고, 평소 서머스의 독단적 리더십에 불만이 있던 교수와 동문들이 합세해 총장에서 물러나야 한다는 주장까지 나왔다. 그는 평생 남에게 크게 욕먹을 일 없이 살아온 사람이다. 어머니와 아버지가 모두 저명한 경제학자였고 삼촌과 외삼촌 등 가족 중 두 사람이 노벨 경제학상을 수상한 쟁쟁한 집안 출신이다. 그 자신도 하버드에서 박사학위를 받고 20대에 하버드 역사상 최연소 종신 교수가 되었다. 어느 자리에 가든지 가장 똑똑한 사람으로 주목받는데 익숙해서 겸손이란 걸 배울 기회가 별로 없던 특출한 인물이다. 그런데 그는 이제 이 사람 저 사람의 충고에 귀 기울이는데 열심이라고 한다. 재무장관 시절 그의 보스였던 빌 클린턴 전 대통령에게 "실수에서 배우라"고 충고를 들었다고 한다.

그가 잘못한 것은 무엇일까? 상처 많은 사람은 가벼운 바람결에도 옛 상처가 욱신거린다는 사실을 간과한 것이다. 성공한 여성일수록 성차별을 많이 경험했다. 성공의 사다리를 올라갈 때마다 차별의 고통을 맛본 경우가 많다. 그가 연설한 학술 컨퍼런스에 참석한 여성 학자들, 하버드 여자 교수들 중 상당수는 여성 차별을 실감한 분들이다. 그런 사람들 앞에서 여성 차별적 발언을 했으니 그 상처가 얼마나 컸겠는가?

남녀의 뇌에는 차이가 있다. 뇌의 크기가 다르고, 나이에 따른 뇌의 발육 정도가 다르며, 같은 일을 할 때도 남성과 여성이 쓰는 뇌의 부위가 다르다.

뇌만 다른 게 아니다. 보고, 듣고, 냄새 맡는 감각기능도 다르다. 산에 올라 경치를 보면 여성들은 오묘한 색깔과 질감을 즐기는 데 반해 남성들은 움직이는 물체에 초점을 맞춘다. 사내아이들이 모빌이나 자동차 등 움직이는 장난감을 좋아하고, 여자아이들이 알록달록한 인형을 더 좋아하는 것과 같은 맥락이다. 진화론자들은 선사시대부터 남녀가 업무 분담을 해온 것이 오늘날 남녀의 차이를 만들었다고 한다. 주로 채집을 하던 여성은 들판에서 먹을 수 있는 것과 독성이 있는 것을 가려내는 능력이 진화를 거듭해서 색깔과 질감을 잘 기억하고, 주로 전쟁과 사냥을 책임졌던 남성은 움직이는 물체를 잘 보는 능력이 진화를 거듭했다고 한다. 남녀의 역할 분담이 서로 다른 능력을 진화시키며 큰 차이를 보였다는 것이다.

여성이 차별에서 벗어난 것은 얼마 되지 않는다. 지금은 여성적인 일로 보이는 미국 관현악단에 여성이 참가할 수 있었던 것은 불과 30여 년 전 일이다. 관현악단조차 남성의 전유물로 여겨졌기에 여성은 섬세한 능력을 발휘할 기회조차 없었다. 과학과 수학도 마찬가지다. 남성들이 오랫동안 독점했고, 여성들은 이제야 그 자리를 비집고 들어간 것이다.

여성의 사회진출이 활발한 시점에서 남녀의 차이를 아는 것은 매우 중요하다. 직장에서 상사나 부하가 남자일 때와 여자일 때 접근하는 방법을 달리 해야 유능한 직장인으로 인정받을 수 있다. 자기계발에 심혈을 쏟고 있는 여성이라면 더더욱 남녀의 차이에 신경을 써야 한다. 사회에서 자신이 상대해야 할 남자를 알고, 자신의 부족한 부분을 채워가기 위해 여성인 자신을 아는 것이 중요하기 때문이다.

우리 사회는 아직 여성들이 사회활동을 하기에 많은 제약이 있다. 특히 가정과 아이는 여성이 책임져야 한다는 가부장적인 사회인식이 남아 있어서 결혼과 동시에 사회활동을 접을 수밖에 없는 여성들이 많다. 필자 역시 한 가정을 책임져야 할 여성으로 사회활동을 하는데 많은 제약을 받으며 좌절했던 경험이 많다.

하지만 모든 것은 마음먹기 나름이라고 했던가? 순간마다 그것을 극복하기 위해 나름대로 자신을 추스르며 새롭게 도전해 가며 그 시련을 하나하나 극복해 나갔다. 그 덕분에 오늘의 지위에 오를 수 있었고, 그동안 여성으로 걸어야 했던 똑같은 상황에 처한 동료와 후배 여성들을 위한 여성리더십을 이야기할 수 있게 되었다.

현대 여성이 남성위주의 가치관이 남아 있는 사회에서 꼭 챙겨야 할 장점이 있다. 바로 관계중심과 공감능력이 뛰어나다는 것이다. 여성이 이 점을 확실하게 인식하고 자신의 장점으로 활용한다면 뛰어난 리더십을 발휘할 수 있다. 물론 회사나 조직생활에서 지나치게 관계를 중심으로 여기다 보면 자칫 일을 망쳐 회사나 조직에 큰 피해를 입힐 수 있다는 것도 분명히 인식해야 한다.

다음은 필자가 중요하게 여기는 여성리더십의 덕목이다.

첫째. 관계를 중요하게 여겨라
둘째. 상대의 감성을 존중하라
셋째. 꿈을 스스로 표현하라
넷째. 끈기를 갖고 끝까지 물고 늘어져라
다섯째. 매 상황에 적극적으로 대처하라

그동안 여성리더십과 관련된 많은 책이 나왔다. 여기에서는 이론적인 부분보다 필자가 워킹맘으로서 사회활동을 하는 과정에서 느낀 것들을 중심으로 여성리더십의 장점을 최대한 살려 나갈 수 있는 방안에 대해 살펴본다.

관계를 중요하게 여겨라

마이클 르뵈프는 꽤 성공한 경영 컨설턴트이다. 그는 「멋지게 일하기 Working Smart」라는 책을 출판한 후에, 퍼시픽 노스웨스트벨 전화 회사의 상업 광고에 출연하기로 계약을 맺었다.

TV 화면을 의식한 그는 뉴 오를레앙에 있는 옷 가게에서 새 양복을 한 벌 사려고 했다. 거기서 프레드 어버트(Fred Aubert)라는 점원을 만났다. 마이클은 프레드에게 자신이 TV광고에 나가게 될 것이며, 그 때문에 새 옷을 한 벌 맞추고 싶다고 말했다. 프레드는 광고의 성격에 대해서 물었다. 그리고 마이클이 쓴 책을 한 권 가져다줄 것을 요청했다. 그의 이미지에 잘 어울리는 옷을 맞추기 위해서 책의 내용을 보았으면 한다는 것이었다.

며칠 후, 마이클은 그 집에서 짙은 곤색에 줄무늬가 있는 옷을 맞췄다. 마이클은 이 옷이 아주 마음에 들었다. 그런데 문제가 하나 생겼다. 광고 방송을 할 때 뒤의 배경이 어두운 색이라는 말을 광고 대행업체로부터 나중에야 들었다. 검은색 배경에 짙은 색의 양복을 입고 나오는 광고는 문제가 있었다. 그는 프레드에게 도움을 구했다. 프레드는 그에게 회색계통의 양복을 권했다. 마이클은 먼저 맞춘 곤색 줄무늬 양복이 아주 마음에 들었기 때문에 반품하는 대신, 다시 새 양복을 하나 더 맞추고 싶었다.

프레드의 가게에도 회색 계통의 옷은 많았다. 하지만 그는 가게에 있는 옷을 팔려고 하지 않았다. 대신 경쟁 관계에 있는 가게로 마이클을 보냈다. 자기 가게보다 그 가게에 더 좋은 회색 계통의 옷들이 많다는 것을 알고 있었기 때문이다. 마이클은 프레드의 단골이 되었다.

한 번은 그가 어떤 모임에서 강연할 일이 생겨 새 옷을 하나 사려고 프레드의 가게에 들렀다. 프레드는 그에게 2주일 후에 세일을 시작할 것이니 그때까지 기다렸다가 구매하는 것이 더 좋겠다고 말했다. 마이클은 2주 후에 보아둔 양복을 반값에 살 수 있었다.

프레드가 마이클의 마음을 사로잡은 것은 몇 가지 원칙을 지켰기 때문이다. 그는 옷을 한 벌 더 파는 것보다 마이클의 고객 관계를 더 중요하게 생각했다. 한 번의 거래보다는 그의 신뢰를 더 우선적으로 생각했다.

프레드는 신뢰에 기초한 좋은 관계가 곧 상업적 이익을 가져온다는 사실을 믿는 사람이었다. 그는 상품을 팔기보다 마이클로 하여금 자기가 원하는 것을 살 수 있도록 도와주었다. 판다는 것과 살 수 있도록 도와준다는 것은 다른 발상이다. 프레드는 매우 다른 사고의 틀, 즉 고객처럼 생각하는 시각을 가지고 있었던 것이다.

필자는 환자와 질환에 대한 이야기보단 일상의 대화를 더 많이 했다. 환자를 환자로 본 것이 아니라 인간과 인간이 맺어야 할 관계로 본 것이다.

병원에 처음 오는 환자는 문진을 통해 자신의 질환에 관련된 것뿐만 아니라 개인적 특성, 사회적 특성까지도 말해야 하지만 처음부터 모든 것을 터놓는 환자는 많지 않다. 그런데 자연스럽게 수다를 떨다보면 환자는 자신의 일상에 대해서 이야기하는데 이것은 진료하는데 중요한 참고자료가 된다. 자연스럽게 대기시간의 지루함도 덜고, 무엇보다 환자에게 신뢰를 줄 수 있어 더욱 좋다.

병원에 근무할 때 이런 일이 있었다.

"고 3이라서 힘들겠다. 대학은 무슨 과로 가고 싶어?"

"힘들지 않아요. 저는 대학 안 가고 취업할 거예요."

"그래? 취업하려는 동기가 있니?"

"저는 3년 간 열심히 일해서 유학자금 만들어서 파리로 유학 갈 거예요."

"와, 네 꿈 대단하다. 네가 생각한 대로 잘 되면 정말 좋겠다."

학생은 대학을 바로 갈 생각이 없어서 일반고가 아닌 특성화 고등학교를 다닌다고 했다. 빵을 만드는 일이 재밌어서 제빵과 관련된 자격증도 여러 개 있다고 했다. 그런데 전신증상 중에 B형 간염 보균자라고 했다. 식품과 관련된 일할 사람이 B형 간염 보균자라는 것은 너무나 치명적이다. 학생은 빵을 직접 만들지는 않아도 그와 관련된 일은 꼭 하고 싶다며, 그래서 유학을 갈 거라고 했다.

"선생님, B형 간염 보균자여도 회사는 들어갈 수 있지요?"

"글쎄, 회사마다 기준이 달라서 어떨지 모르겠다."

"걱정이에요. 꼭 들어가야 하는데, 저 성적도 아주 좋거든요"

"지원한 분야가 식품은 아니니 상관없을 것 같아. 잘 되길 빌게."

그 후 논문을 쓰기 위해 퇴사했는데 병원에서 연락이 왔다. 학생이 직장에 들어가게 되었는데 꼭 통화하고 싶다며 전화를 부탁한다고 했단다.

"직장인이 된 것을 진심으로 축하한다. 정말 좋겠다."

"네, 선생님 고맙습니다. 떨어질까 봐 걱정했는데 붙어서 정말 좋아요."

"이제 열심히 일만 하면 되겠네. 3년 뒤의 유학을 위해서…."

"이 소식을 꼭 선생님께는 전해드리고 싶어서 병원에 전화했는데, 선생님이 안 계셔서 꼭 통화하고 싶다고 말씀드렸어요. 이렇게 전화주시니 고맙습니다."

"좋은 소식 전해주니 내가 더 고마워. 직장생활 잘 해."

환자를 고객으로 보지 않고 함께 해야 할 이웃으로 흉금을 털어놓기 시작하니 환자와 좋은 관계뿐만 아니라 컴플레인이 많이 줄었고, 진료비 수납도 미수금이 거의 없을 정도였다. 사람의 마음을 이해하려는 자세로 환자가 무엇을 원하는지를 알아차리고 응대했더니 기대 이상의 시너지 효과가 매우 컸다.

상대의 감성을 존중하라

의사 결정할 때 이성보다 감성이 더 크게 작용하는 것으로 알려져 있다. 감정은 에너지 역할을 하며, 어떠한 행동을 할 수 있게 만드는 강력한 동기유발 기제이다. 상대방의 감정을 잘 알고 위로와 격려, 그리고 인정하는 대화를 하는 게 매우 중요하다. 감성을 움직이는 방법은 상대방이 원하는 것을 이루어 주고, 먼저 주며, 배려하는 것이다.

"오늘 오전에 스켈링 받고 가셨는데 지금 어떤 느낌이세요? 치아가 시리거나 통증이 있거나 흔들리지는 않으세요?"

"어머, 선생님 바쁘실 텐데 전화까지 주셨어요. 찬물 마실 때 약간 시리긴 한데 걱정할 정도는 아니에요."

"아, 그러세요. 스켈링 후 며칠은 치아가 시릴 수 있어요. 그 기간에는 찬 음식이나 물을 조심하셔야 해요. 찬바람을 피하시려면 마스크를 해야 좋아요."

"네, 선생님 전화 주셔서 고맙습니다."

"별말씀을요. 당연한 일인걸요. 언제든지 궁금하거나 불편하신 점 있으시면 전화주세요"

"네, 선생님. 어서 퇴근하세요."

그때마다 '어라, 이건 뭐지?' 하는 생각이 들었고, 그런 일은 자주 일어났다. 조금 신경 쓰고 챙겼을 뿐인데, 환자들은 고마워하고 필자를 챙겨주었으며, 그 병원에 누가 친절하다며 신환을 소개하는 사람이 생겼다.

과거엔 병원이 갑이고 환자가 을이었다. 병원에서 치료해야 하다고 하면 돈 문제가 아닌 이상 환자들은 어쩔 수 없이 치료를 받을 수밖에 없었다. 하지만 이제는 수요공급의 원칙에 따라 수요보다 공급이 많아진 상황이라 환자가 갑, 병원은 을이 됐다. 환자는 병원이 마음에 들지 않으면 얼마든지 다른 병원으로 가면 그만이다.

따라서 병원이 살아남으려면 환자를 질환이 아닌 사람으로 봐야한다. 질환으로 보면 아프고 예민하고 까다롭고 신경질적이고 뭔가를 다 해결해야 할 것 같은 상황들이 연상되지만, 사람으로 보면 친구, 언니, 오빠, 동생, 부모님, 자녀 등이 연상되어 공감하고 이해하는 관계가 형성된다.

'패치 아담스' 라는 영화가 있다. '헌터 도허티 아담스' 라는 실존인물의 이야기를 바탕으로 만든 것으로, 가장 인상 깊은 장면은 아담스가 환자의 이름을 먼저 불러주고 미소로 인사를 나누는 것부터 끊임없이 환자를 기분 좋게 만드는 일이 무엇인지 고민하는 장면이다. 대부분의 의사는 환자의 이름은 관심도 없고 오로지 질병의 증상과 처치만을 고민하는 것과 대비된다.

필자는 환자를 대할 때 주로 이 장면을 떠올렸다. 환자에게 물 한 잔을 따라 드리고, 대기시간이 길어지면 읽을거리와 차를 대접했다. 수험생에게는 "잠이 부족해서 힘들지?" 라고 공감해주고, 오랜만에 온 어린아이가 의젓하게 치료 잘 받으면 "정말 잘 했어. 최고!" 라며 '칭찬스티커' 와 필자의 아이들이 읽었던 책을 고르게 했다. 대부분의 환자들은 매우 고마워하며 단골이 되었다.

사위의 소개로 왔다며 딸과 함께 오신 70대 초반의 환자가 있었다. 전신증상으로 고지혈증 약을 복용하고 있었고, 내원 동기는 임플란트 시술이라고 했다. 원장님이 본 진단도 임플란트 수술이었는데, 환자의 전신증상 때문에 약물조절과 내과전문의의 소견이 필요했다. 환자는 자신의 상태에 대한 설명을 딸에게 하라고 했다. 그래서 필자는 말을 잘 못하는 분인 줄 알았다.

"요즘 무슨 일 있으셨어요? 몇 번 약속을 미루셨던데요."

"내가 요즘 바빠요."

"무슨 일로 바쁘셨어요?"

"내가 회사를 운영해요. 결제할 일이 많아서 바빴어요."

"저는 늘 따님과 함께 오시고, 말씀을 안 하셔서 회사를 운영하시는 사장님이신 줄 몰랐어요."

"그런데 사모님은 안 계세요?"

"있어요. 집에."

그분은 자신이 가장 믿는 사람이 딸이라는 걸 표현했다. 필자는 환자에 대한 모든 상황을 딸과 이야기했다. 그런데 언제부턴가 딸이 함께 오지 않았다. 그때마다 필자가 보이지 않으면 불안해했다. 필자가 휴무인 날에 왔다가 다시는 필자가 없는 날엔 오지 않겠다고 했다.

"선생님, 아버지께서 선생님이 박사냐고 물으세요."

"왜요?"

"전에 다녔던 병원의 선생님과 다르게 설명을 잘 해주신다며 이 분야의 박사냐고 물어보세요."

"네에, 저어, 박사 맞아요."

"정~말이세요?"

"네! 하하하."

"하하하. 그랬군요. 아버지가 말씀하시기를 선생님이 상세하고 이해하기 쉽게 설명을 잘 한다고 하셨어요."

환자는 필자를 병원 종사자로 대하지 않았다. 자신의 모든 부분을 담당하는 박미영 박사님으로 대했다. 마치 딸에게 모든 것을 일임했던 것처럼 필자에게 모든 것을 맡기기 시작했다.

꿈을 스스로 표현하라

"아! 해 보세요."

필자가 환자에게 가장 많이 하는 말이다. 치과를 처음 찾은 환자들이 치아 상태를 확인받기 위해서 제일 먼저 듣는 말이기도 하다.

이것은 여간 곤혹스런 일이 아니다. 일반적인 환자들은 아무 생각없이 "아! 해보세요."라는 말에 따르지만, 좀 쑥스러움이 많거나 소심한 환자들은 입 벌리는 것을 굉장히 어려워한다. 그도 그럴 것이 의자에 누워 입을 벌리면 마스크를 쓴 치과의사나 치과위생사가 얼굴을 들이미는데 아무렇지도 않은 듯 입을 벌리기란 쉬운 일이 아니다.

이때 환자의 마음을 헤아린다면 "아! 해보세요."를 하더라도 그냥 사무적으로 해서는 안 된다. 입을 벌리는 것을 부끄럽게 여길 수 있는 환자에게 사무적인 어투로 이렇게 말했다가는 반감을 살 수 있다.

실제로 말은 안 하지만 사소한 말 한 마디로 환자가 말없이 다른 병원으로 옮기는 경우가 많다. 최대한 환자의 입장을 고려해서 상냥한 미소와 따뜻한 어투로 말할 수 있어야 한다.

필자는 치과위생사이자 대학교수로 활동하며, '여성리더십'을 강의하면서 세심함과 따뜻한 배려를 매우 중요하게 여긴다. '여성 리더십'의 핵심이 바로 여기에 있다고 보기 때문이다.

환자가 병을 숨기면 고칠 방법이 없다. 특히 치과를 찾는 사람이라면 아무리 부끄럽더라도 "아! 해보세요."라는 말에 순응할 줄 알아야 한다.

마찬가지로 사람이 꿈을 숨기면 이룰 방법이 없다. 꿈을 표현하지 않으면 다른 사람이 알 수 없고, 꿈을 이루는 방법을 찾더라도 오래 걸릴 것이며, 특히 남모르게 슬쩍 꿈을 포기하는 경우가 생길 수 있다. 따라서 꿈을 꼭 이루고 싶은 사람일수록 더 크게 외쳐야 한다.

"나는 ~을 꼭 하겠다."

"~은 꼭 하자."

마치 치과에서 "아!" 하고 입을 크게 벌리듯이 세상을 향해서 크게 외칠 수 있어야 한다. 이것은 필자의 신조다. 가끔은 후회할 때도 있지만 그래도 안 해보고 후회하는 것보다는 해보고 후회하는 것이 훨씬 긍정적인 결과를 얻었다는 것을 잘 알고 있기 때문이다.

노란 숲속에 길이 두 갈래로 났었습니다

난 두 길을 다 가지 못하는 것을 안타깝게 여기면서

오랫동안 서서 한 길이 굽어 꺾여 내려간 곳을

끝 간 데까지 바라보았습니다

그리고 똑같이 아름다운 다른 길을 택했습니다

그 길에는 풀이 더 무성하고 사람이 지난 자취가 적어

아마 더 걸어야 될 길이라고 생각했던가 봅니다
- 프로스트의 '가지 않은 길' 중에서

우리에게는 매번 선택의 길이 있다. 프로스트의 '가지 않은 길'이 많은 이들에게 사랑을 받는 이유는 바로 이러한 인생의 길을 잘 표현했기 때문이다.

"아, 그때 그 길을 갔어야 했는데…."

"아, 그때 그 길을 가지 말았어야 했는데…."

하나는 해보지 못한 것에 대한 후회이고, 또 하나는 잘못 선택한 일에 대한 후회이다. 그런데 아는가? 어차피 후회를 할 바에는 해 본 것에 대한 후회가 훨씬 낫다는 것을. 해보지 못한 것에 대한 후회는 한도 끝도 없고 대책도 없지만, 해 본 것에 대한 후회는 실패 경험을 잘 살리면 그것조차 아름다운 삶의 일부가 된다는 것을.

"AH! 해 보세요."

이 말 속에는 세상을 살면서 입을 크게 벌려 "아!"를 하다 보니 "'AH!'가 절로 나왔던 필자 나름대로의 삶의 철학이 담겨 있다. 필자는 오늘도 자신을 향해, 진로와 취업을 고민하는 청년과 자기계발에 고민하는 직장인, 1인 3역 이상을 해내는 이 땅의 모든 워킹맘에게 강조하고 있다.

"AH! 해보세요. 여기에 꿈과 도전을 바탕으로 실패를 두려워하지 않는 삶과 주위사람들에게 전하는 세심함과 배려하는 여성리더십이 있습니다."

끈기를 갖고 끝까지 물고 늘어져라

어느 날 책장을 정리하다가 상자 하나를 발견했다. 늘 있던 상자인데, 그날 따라 유독 눈에 띄었다. 초등학교부터 고등학교까지의 성적표와 상장, 생활기록부가 있었다.

"맞아, 나도 이런 때가 있었어."

재미삼아 훑어보는데 장래희망이 눈에 띄었다. 초등학교 때는 선생님, 중학교 때는 아나운서, 신문기자, 약사, 고등학교 때는 건축가, 디자이너였다. 장래희망이 수시로 변했다. 그리고 대학교는 성적에 맞춰 치위생과를 선택했다. 워낙 꿈이 많았기 때문에 그 시절 많은 방황을 했다. 졸업을 하고 치과에 근무하면서도 여차 하면 못해본 일을 해보겠다고 마음을 단단히 먹었다.

그런데 3년 정도 지날 무렵부터 치과에서 환자들과 부대끼다보니 일의 소중함과 보람을 느끼며 적성에 맞는다는 것을 알았다. 일을 즐겁게 하다 보니 치과위생사로서의 자부심도 커져갔다. 하지만 30대의 치과위생사인 내 모습을 상상해보니 괜히 슬펐다. 승진도 없이 일만 잘하는 치과위생사로 남고 싶지 않았다. 절치부심하기로 했다. 네번 진학을 꿈꾸기 시작한 것이다.

"나는 대학원에 진학할 거야."

"난 임상과 병행하며 후배들에게 치위생학을 가르치는 교수가 될 거야."

필자는 그때부터 틈틈이 꿈을 글로 표현하며 구체적인 계획을 세우기 시작했다. 생각만큼 쉬운 일은 아니었다. 낮에는 일하고 밤에 시간을 내서 공부를 한다는 것이 어디 그렇게 쉬운 일이던가? 대학원에 원서를 넣었지만 무려 2번이나 탈락을 했다. 그래도 포기할 수 없었다. 탈락했다는 좌절감보다 꿈이 더 간절하지 못해서 그랬다는 생각으로 더욱 간절하게 원서를 접수했다. 마침내 3번째 시도에서 대기자 1번으로 합격을 했다.

그때 한 번만 시도하고 포기하였다면 어떻게 되었을까? 어쩌면 좌절감 속에서 하루하루 시간만 축내고 있지는 않았을까? 아니다. 이것은 기본적으로 필자의 성격에 맞지 않는다. 3번에 합격하지 못했더라도 끝장을 보기 위해 지금까지 계속 원서를 넣고 있었을 것이다.

"박미영 선생님! 축하합니다."

대학원 합격 통지서를 받고 누구 못지않게 열심히 공부했다. 그해에 산업체 겸임교수로 임명받고 치위생과 학생들에게 일주일에 하루씩 강의까지 시작했다. 치과에 근무할 때인데 원장님의 배려덕분에 금상첨화의 기회로 임상과 강의를 병행할 수 있었다.

"우리 미스 박이 교수님입니다."

원장님은 치과에 오는 환자마다 필자를 교수가 된 치과위생사라고 소개하면서 기쁨을 표현했다. 쑥스럽지만 내심은 좋았고, 인정하고 자부심을 심어주는 원장님의 고마운 마음을 느낄 수 있었다.

치과위생사를 처음부터 선택한 직업은 아니었지만, 졸업 후 근무하면서 직업에 대한 보람으로 자부심을 갖기 시작했다.

"박 선생님, 박사과정도 바로 들어가야지?"

"석사는 보건학을 했으니, 박사는 치의학을 하고 싶어요."

석사를 마쳤을 때 주변에서 자주 오가는 대화였다. 당시에는 치과대학에서 박사과정을 한다는 것이 꽤 어려운 일이었다. 거의 불가능에 가까웠다. 그러나 시간이 걸리더라도 꼭 치과대학에서 박사과정을 하고 싶었다. 대학에서 치과재료학을 여러 해 강의하면서 부족함을 느끼고 있을 때라 기회가 된다면 치과대학에서 박사과정을 이수하고 싶었던 것이다.

그래서 연세대학교 치과대학 치과생체재료공학 박사과정에 지원했다. 당시엔 치과위생사가 치과대학에서 공부할 기회가 많지 않았기 때문에 지원 자체만으로도 의미가 있었다. 단번에 박사과정을 들어가기란 '하늘의 별따기' 라는 정설에 따라 먼저 교수님께 인사드리고 '공부를 하고 싶습니다' 라는 의지를 표현하는데 의미를 두고 지원했는데, 믿기지 않게 단번에 합격 통지서를 받았다.

박사과정은 시작부터 녹녹하지 않았다. 모든 수업은 아침 7시 30분부터 진행되어 분당에서 새벽 5시 30분부터 준비하고 나와야 했다. 그 당시 4살 큰딸은 친정에, 2살 작은딸은 시댁에 3일씩 맡기고 강의와 학업을 병행했는데 결코 쉬운 일이 아니었다.

한 학기 동안 내학에서 상의하고, 대학원 수업에 참여하고 과제로 읽어야 하는 원서들과 씨름하며 시간을 보내고 나니 에너지가 완전히 방전된 기분이었다. 의욕만으로 버티는 데는 한계가 있었다.

"앞으로 공부하려면 힘들 텐데, 두 아이들 키우면서 잘 할 수 있어요?"

"전혀 문제없습니다."

인터뷰 때 했던 교수님의 말씀이 그때야 실감났고, 겁 없이 도전했던 자신을 돌아보기 시작했다.

'그랬구나. 이렇게 힘든 거였구나!'

싱글일 때 석사과정을 하던 것과 달리 주부, 학생, 직장인 등 1인 3역을 해내며 공부를 한다는 것은 결코 쉬운 일이 아니었다. 결국 1학기를 마치고 휴학을 할 수밖에 없었다.

'여기서 포기해야 하나?'

휴학하는 동안에 고민이 매우 많았다. 마침 남편도 아이들 육아 문제로 탐탁해 하지 않았기에 더욱 힘들었다. 하지만 어렵게 얻은 기회를 놓치고 싶지 않았다. 기회를 놓치면 다시는 잡을 수 없을 것 같았다. 그래서 다음 학기에 복학했고, 아무리 힘들어도 정규수업을 마칠 때까지는 휴학을 하지 않기로 단단히 마음을 먹었다. 다행히 정규수업은 무사히 마칠 수 있었지만, 졸업시험의 자격요건으로 대학원에서 정한 공인된 영어성적을 제출해야 하는데, 기본적인 1인 3역의 일만으로도 벅차 따로 준비할 여력이 없었다. 결국 또 휴학을 했다. 명목은 영어성적을 만들기 위해서였다. 하지만 5학기 휴학을 마칠 때까지 영어성적을 달성하지 못했다. 박사수료 자체에 의미를 둬야 할 상황이었다.

수많은 갈등과 고민 끝에 박사수료로 과정을 마치기로 결심하고 남편과 상의하였다. 하지만 남편의 의견은 달랐다.

"나한테는 당신이 박사이든 아니든 상관없지만, 우리 아이들한테 유종의 미를 거두는 것을 보여준다는 점에서 의미가 있을 것 같으니 꼭 학위를 받았으면 해!"

"여보, 박사학위를 받으려면 거의 2년 정도를 더 투자해야 하고 내 미래가 어떻게 될지 몰라. 그래도 괜찮아?"

"괜찮아! 교수되라고 박사학위를 받으라는 건 아니야. 시작했으니까 마무리를 하자는 거지."

남편이 이렇게까지 격려를 해주니 내심으로 무척 고마웠다. 그래서 죽기 아니면 까무라치기라는 각오로 열심히 해야겠다고 마음을 먹었다. 한 학기 연구비를 등록하고 영어성적을 올리기 위해 몰입했다.

그동안 집에서 인터넷 강의에만 의존하던 영어를 오프라인 학원에 등록하고, 문법의 달인 '강' 강사님의 미션에 따라 완출·완숙(완벽한 출석과 완벽한 숙제)을 철저히 지켰다. 완출은 학원에 가기만 하면 되니까 어려운 일이 아니었는데, 매일 문제풀이를 2세트씩 해야 하는 과제는 매일 4시간 이상씩 써야 할 만큼 정말 많은 시간이 걸려 포기하고 싶을 때가 많았다. 그런데, 꾸준히 과제를 수행하면서 영어에서 강점과 약점을 알 수 있었고, 효율적인 공부 방법을 찾을 수 있었다.

그 당시 운전을 하고 집에 가던 길에 우연히 라디오 사연을 듣게 되었는데, 50대 후반의 남성이 54번의 토익시험을 치른 결과 만점을 받게 되었다고 했다. 54번의 시험을 치렀다면 4년을 넘게 시도한 것이다. 결코 만만한 일이 아니었을 텐데, 만점이란 점수가 부럽기도 했지만 끊임없는 도전에 대한 의지가 대단히 존경스러웠다.

얼마 후 당당하게 합격선에 드는 영어성적을 얻었다. 그동안 영어 울렁증이 있었는데 몇 개월 만에 얻어낸 결과여서 고생한 보람만큼 앞으로의 가능성을 확인할 수 있어서 좋았다. 영어성적 제출로 졸업시험은 무난히 통과했다.

논문을 쓰기 전까지는 영어가 가장 큰 장벽이라고 생각했다. 하지만 논문을 준비하면서 더 큰 산이 놓여 있음을 알아차렸다. 산을 넘기 위해서 해야 할 일이 너무 많았다. 계획과 다르게 나오는 실험결과들, 재료문제, 장비의 사용 등 외부대학원생으로서 실험논문을 쓴다는 것은 정말 힘들었다.

긴 휴학 시절에 조교를 통해 "박미영 선생님 학위 받으실 건지 확인해 보세요"라고 챙겨준 김광만 지도교수님과 동료들, 중국유학생인 박은주 선생님과 미백제를 적극적으로 지원해주신 삼일제약의 김만선 팀장님, 선배교수님들과 동료교수님들, 특히 결혼하고도 여러 가지 일들을 다 할 수 있도록 물심양면으로 도와주신 양가 부모님과 외조의 왕인 남편, 햇살 좋은 날에 바깥나들이 한번 못가도 불평 없이 응원해준 사랑스런 딸 수린이와 예린이가 있었기에 논문을 무사히 마칠 수 있었다.

매 상황에 적극적으로 대처하라

내가 누군가를 가르친다구?
정말?
내가 잘할 수 있을까?

오래 전부터 꿈만 꾸던 일을 막상 하게 되니 너무도 떨리고 걱정이 앞섰다.

24살 때부터 운전을 하게 된 덕분으로 당당하게 차를 끌고 속초를 향해 이른 새벽부터 달렸다. 당시엔 대중교통을 이용하기엔 운행하는 버스가 많지 않았고, 무엇보다 당일에 모든 것을 마치고 돌아와야 하는지라 자가용을 이용할 수밖에 없었다. 한참을 달리니 동이 트고 산위의 안개가 보였다. 탁 트인 강릉 앞바다는 매주 장거리 운전을 하는 필자에게 지치지 않는 원동력을 제공해 주었다.

드디어 첫 강의!

쿵쿵 뛰는 가슴을 쓸어내리며 강의실 문을 열었다.

"안녕하세요. 여러분에게 1학기 동안 치과의료관리학을 강의할 박미영입니다"

"만나서 반갑습니다. 학교가 참 좋아요."

어떻게 첫 시간이 흘러갔는지 몰랐다. 그렇게 첫 신고식을 치루고 본격적으로 강의를 시작했다.

늘 같은 병원에서 늘 같은 일로 다람쥐 쳇바퀴 돌듯 일했던 일상이 지루하게 느껴졌을 즈음의 일이었다. 산업체 겸임교수로 대학에 강의를 나가니 펑닝시와 똑같은 병원과 업무가 새롭게 보이기 시작했다. 임상의 모든 것이 강의의 좋은 사례가 되었기 때문이다.

환자와의 대화, 진료, 신재료 소개 등. 학창시절을 떠올려보니 임상에 계신 선생님께서 임상 이야기를 해 주실 때의 강의가 더 재밌고 기억에도 많이 남았던 생각이 떠올랐다.

이제 필자가 그렇게 할 차례였다. 강의할 때나 임상할 때나 마냥 신기하고 즐거웠다. 일주일에 한 번씩 장거리를 오가는 것이 힘든 일인데도 전혀 힘들다고 느끼지 못했다. 30대가 되면 하고 싶었던 강의를 하게 되었고, 임상과 강의라는 두 마리 토끼를 모두 잡았으니 절로 춤이 나올 정도였다.

매주 장거리 운전을 하고 돌아온 저녁이면 어김없이 찜질방에 가서 찜질을 해야만 경직된 어깨를 풀고 잘 수 있었음에도 지칠 줄 몰랐다. 몇 년 전부터 이 일을 차근차근 준비했었는데, 마침 기회를 얻게 되니 전에 없던 에너지가 마구 용솟음치고 있었다.

사람은 자신이 하고 싶은 일을 할 때 시너지 효과가 매우 크게 일어난다. 뭐든 다 잘 할 수 있을 것 같은 의욕과 패기, 어찌 보면 혹자는 잘난 척한다고 보았을지도 모른다. 하지만 그 당시 다른 사람의 시선은 느낄 수 없을 정도로 나 자신에게 집중하고 있었다. 준비하고, 준비하고, 또 준비해서 풀어내야 할 일들이 많았기에….

"미영아, 네 얘기를 듣고 있으니까, 하나의 강연을 듣는 것 같다. 혹시 CS강사 해볼 생각은 없니? 네가 하면 정말 잘 할 것 같은데."

"언니도 그렇게 생각해요. 남편도 '너에게 잘 맞는 일이 있을 것 같으니 교수에만 집착하지 말고 더 넓게 시야를 열어 놓고 생각해 봐' 라고 말했어요."

"그래? 남편도 그렇게 말했으면 잘 생각해 봐."

"그러게요. 집에 가서 알아 봐야겠어요."

오랜만에 석사 때 동기들을 만났다. 우연히 병원이야기가 나와서 한참 이야기를 하고 있었는데, 이야기를 듣던 언니가 필자의 말에 사람을 몰입하게 하는 힘이 있다며 CS강사가 되었으면 한다고 추천해주었다.

지금까지 생각하고 해왔던 일들을 한 순간에 바꾸기란 쉽지 않은 일이다. 더욱이 힘들게 박사학위까지 받는 상황에서 제대로 써보지도 못하고 접는다는 게 너무 아까웠다. 그런데 마음은 머리와 다르게 움직이고 있었다. 그렇게 마음이 시키는 대로 CS강사 양성과정 아카데미를 찾고 등록까지 했다. 직장인 국비환급과정이라 열심히 출석하면 자격증을 취득하는 것은 물론 새로운 직업을 찾을 수 있었다.

오래 전부터 대학에서 강의를 해왔기에 사람에 대한 두려움은 없었다. 또한 B아카데미 담당자인 송부장님이 필자의 이력을 보면서 박사까지 마쳤으면 바로 강의를 할 수 있다고 매우 호의적으로 상담을 해주었다.

"안녕하세요. 지난 번에 상담 드린 송부장입니다. 아카데미 정하셨어요?"

"부장님, 안녕하세요? 아카데미 정해서 다니고 있어요. B아카데미를 가면 좋았을 텐데 제가 다닐 수 있는 시간이 일요일뿐이어서 A아카데미로 다니고 있어요."

"그러세요. 어디서 배우시든 상관없어요. 과정이 다 끝나시면 연락 한 번 주세요."

"네, 지난 번에도 용기를 주시더니, 이렇게 전화를 주실 줄은 몰랐어요. CS강사과정이 끝나면 연락드리겠습니다. 오늘 전화 주셔서 고맙습니다."

송부장님의 한 마디는 필자가 완출할 수 있는 에너지를 심어 주었다. A아카데미는 정말 행복한 곳이었다. 호탕한 웃음의 최강 기업교육 강경연 팀장님, 온몸으로 열정을 쏟아내는 토닥 강사님, 이미지만큼 깔끔한 교안작성을 보여주신 이미지 김지양 강사님 등의 생동감 넘치는 강의와 매주 함께 하는 동기들끼리 함께 하는 긍정의에너지는 일요일을 꼬박 쓴다고 해도 전혀 아깝지 않았다.

'빠지지 않고 열심히 나간다면 꼭 강사가 될 수 있을 거야, 그러니 절대 빠지지 말자.'

마음 먹은 대로 12주의 완벽한 출석을 해냈고, 목포에서 다녔던 K교육생과 함께 20여 명 중 2명만이 지켜낸 지각과 결석 없는 완출을 이루었다.

"박미영 강사님, 저의 A아카데미에서 병원코디네이터 양성과정 강의 맡아주실 수 있으세요?"

"어머, 제가요? 정말 고맙습니다. 열심히 해보겠습니다."

강사과정을 밟았다고 누구나 바로 강사의 길로 들어서는 것은 아니다. 매월 쏟아져 나오는 강사의 수는 무수히 많다. 그런데 뭐든지 했다 하면 완출의 근성으로 CS강사자격을 취득하니 바로 기회가 찾아왔다. 결코 강의실력이나 운으로만 된 것이 아니다. 그동안 자기계발의 끈을 놓지 않고 꾸준히 단계를 밟아 가며 석사와 박사 과정을 마친 것이 큰 밑천이 된 것이다. 기회와 운도 자격을 갖추고 준비해야 찾아온다는 것을 실감했다.

B아카데미에서 병원코디네이터강사 제의를 받은 것과 CS강사과정을 마치고 A아카데미에서 바로 병원코디네이터 강사가 될 수 있

었던 것은 모두 그동안 치과위생사로 수많은 임상경험을 쌓고, 바쁜 와중에도 학위와 대학 강의를 병행하는 일들을 꾸준히 해왔기 때문에 가능한 일이다. 매 순간에 적극적으로 대처하며 그때그때 꼭 필요한 능력을 축적해 왔기 때문에 가능한 일이었다.

너에게 들려주고 싶은 나다움 3가지

"안녕하세요. 병원코디네이터 강사 박미영입니다. 여기 계신 분들은 어떤 일들을 하시다가 병원코디네이터 과정에 들어오셨습니까?"

대학에서 학생들에게 전공지식을 전하기 위해 강의를 하는 것과 달리 전직을 준비하는 성인들을 대상으로 하는 강의는 분위기부터 달랐다. 기존의 직업을 가지고 있다 그만두고 새로운 직업을 찾거나 직무를 향상시키기 위해서 아카데미를 찾은 것이다. 누군가가 시켜서가 아니라 스스로의 선택으로….

새로운 직업에 대한 호기심과 열정이 대단했다. 강사가 하는 말한마디를 놓치지 않으려고 집중하고 필기하는 모습을 볼 때면 '더욱 열심히 해야겠구나!' 하는 마음과 지금까지 강의와 임상실무, 강사로서 1인 3역의 직업을 병행할 수 있도록 기회를 준 환경에 고마움을 느꼈다.

강사가 되기 전에는 현재의 일보다는 미래의 모습을 생각하느라 현재의 삶 자체를 있는 그대로 온전히 받아들이지 못했다. 늘 바쁘고 힘들다는 생각만 했다. 그런데 마흔이 넘은 나이에 3가지 직업을 갖고 유지할 수 있다는 것 자체만으로도 감사할 일이었다.

이런 일들은 평생직장의 개념보다는 시대의 흐름에 맞는 평생 직업을 갖기 위해 노력한 결실이다. 남이 하니까 따라 하는 일보다 정말 하고 싶은 일, 그리고 그와 연관된 다른 포지션을 찾아 꾸준히 땀 흘려온 노력의 보상물이다.

필자의 경험을 토대로 대학생, 직장인, 워킹맘들에게 들려주고 싶은 여성리더십 핵심 3가지를 소개해 본다.

> **첫째. 제대로 열심히 준비하자!**
> **둘째. 끝까지 진심으로 하자!**
> **셋째. 도전하고 변화하자!**

첫째. 제대로 열심히 준비하자!

학생들이나 딸들, 새로운 직업에 도전하는 모든 이가 자신의 적성에 맞는 분야를 꼭 찾기를 바란다. 그리고 찾았다면 이제 제대로 열심히 준비해보았으면 한다. 설령 생각대로 이루어지지 않는다 하더라도 그 준비는 결코 헛되지 않는다. 필자가 그랬던 것처럼 모든 돌고 돌아 결국에는 꼭 필요한 자리에서 쓰임을 얻게 된다.

언제나 맨 앞자리에 앉아 열심히 강의를 듣는 수업태도가 좋은 학생이 있었다. 인성까지 겸비해서 교수한테는 정말 예쁜 학생이다. 그런데 중간고사 채점을 한 후 깜짝 놀랐다. 그 학생의 성적이 F에 가까웠기 때문이다. 혹시 채점을 잘못했나 싶어서 재차 확인했으나 결과는 마찬가지였다. 학생을 따로 조용히 불러 물어 보았다.

"중간고사를 채점했는데, 점수가 너무 낮게 나왔더라. 내가 평상시에 본 너의 모습이라면 절대 나올 수 없는 점수라서 말이야. '네게 무슨 일이 있었나?' 싶어 물어보는 거야."

"교수님, 저는 1학년 때부터 공부한다고 하는데 이상하게 성적이 나빴어요. 어떻게 해야 할지 모르겠어요."

"그래? 그렇다면 정말 문제다. 치과위생사 면허증 국가고시도 봐야 하는데, 성적이 안 나오면 큰일이지. 네가 공부하는 책 가져와 볼래?"

책을 펼쳐보니 글 밑에 밑줄이 잔뜩 그어져 있었다.

"어떻게 공부해?"

"저는 처음부터 끝까지 토시 하나 안 빼고 밑줄 그어가면서 봐요."

"정말? 그렇게 꼼꼼히 보니? 전 과목을 그렇게 다하려면 시간이 많이 걸리겠다."

"네, 그래서 시험범위까지 다 못 보는 경우도 있구요, 다 보더라도 나중에는 기억이 안 나요."

문제는 바로 여기 있었다. 세세한 것에 집중하느라 전체의 흐름을 파악하지 못한 거였다. 시험이 주관식이라면 그래도 유리하겠지만 객관식 시험은 전체 흐름의 파악이 중요한데, 세세한 것에 집중하고 있었다. 시험유형별로 다르게 공부를 했어야 하는데, 그러지 못했으니 아무리 열심히 해도 나쁜 성적을 받을 수밖에 없는 것이다. 며칠 후 강의를 마치고 나가려 하는데 학생이 달려왔다.

"교수님, 저 요즘 교수님이 알려주신 대로 목차에 있는 것을 기준으로 키워드만 표시하면서 공부하는데요, 훨씬 잘 외워지는 것 같아요."

"그래? 정말 도움이 되었니?"

"네, 이번 기말고사는 잘 볼 자신 있어요"

학생말대로 기말고사 성적은 많이 향상되었으며, 떨어질까 걱정했던 국가고시도 당당하게 합격하여 현재 치과위생사로서 활발하게 활동하고 있다.

둘째. 끝까지 진심으로 하자!

작심삼일하면 떠오르는 '삼년고개' 라는 전래동화가 있다. 한 마을에 고개가 있는데, 그 고개를 넘다가 넘어지면 삼 년밖에 못 산다는 것이다. 어느 날 노인이 산에서 나무를 하고 마을로 내려오다가 그만 삼년고개에서 넘어지고 말았다. 그 노인은 집에 돌아와서 삼 년밖에 살 수 없다는 사실에 시름시름 앓고 있었다. 그 소식을 들은 이웃집 소년이 그 노인을 찾아가서 말했다.

"할아버지, 삼년고개에서 넘어지셨다면서요? 그럼 삼 년은 사시는 거잖아요?"

"그래. 삼 년만 살지."

"그럼, 내일부터 매일 삼년고개에서 넘어지세요. 한 번 넘어질 때마다 삼 년을 사시니 열 번 넘어지면 30년, 스무 번 넘어지면 60년…. 할아버지는 평생 살 수 있어요."

그 날부터 할아버지는 삼년고개에서 한 번 넘어질 때마다 큰소리로 "삼 년이요", 또 "삼 년이요"를 신나게 외쳤다고 한다.

우리가 무언가를 제대로 이루지 못했다면 그 이유는 작심삼일(作心三日)을 딱 한번만 했기 때문이다. 작심삼일을 삼일마다 한다면 우리는 어떤 일이든 해낼 수 있다. 그래서 큰 계획을 실천하기 위해서는 작은 계획들이 필요하고, 작은 계획을 실천하기 위해서는 일일계획을 세워야 한다.

학생들과 '작은 결심 큰 변화 프로젝트'를 진행한 적이 있다. 한 달 동안 각자가 하고 싶은 일들을 정하고 그 일을 매일 일정한 시간이나 양을 채우는 실천을 해나가는 것이다. 그것을 매일 기록으로 남기며 실천한다면 한 달 후에는 큰 변화가 일어날 것이다.

셋째. 도전하고 변화하자!

팔방미인, 만능의 능력을 가진 사람보다는 우직하게 오로지 한 길을 걸어 온 사람을 인정하고 추대하던 때가 있었다. 지금도 그런 사람이 성공하는 경우가 많고 많은 이들이 존경하는 것은 여전하다.

하지만 이제는 항상 한 길만 걸어서는 안 된다. 교통수단의 발달과 정보의 홍수로 모든 것이 급변하고 있다. 특히 인터넷의 발달로 인한 정보의 홍수는 우리에게 신세계를 경험하게 한다. 또한 생활환경이 바뀌면서 다양한 직군의 직업이 생기고 있다. 과거처럼 의사나 교사, 공무원만이 최고의 직업이 아니다. 2011년 직장인들의 직업만족도 조사에 따르면, 의사 44위, 교사 90위, 공무원 234위라고 한다.

요즘은 직업이 중요한 것이 아니라 자신이 하는 일에 얼마나 최선을 다 하느냐가 중요하다. 자신의 분야에서 최선을 다해 최고가 된다면 그 직업이 최고인 것이다. 게임을 잘 하는 프로게이머 임요한, 홍진호, 노래를 잘하는 오페라 가수 조수미, 스케이트를 잘 타는 피겨스케이트 여왕 김연아, 작은 가게에서 월매출 1억 원을 올리는 만두의 달인 등 최고의 직업은 너무나도 다양하다.

지금은 한 가지 직업으로 평생을 살기 어렵기 때문에 나이와 시대 흐름에 맞는 직업을 찾고 도전해야 한다. 도전할 때는 새로운 것을 추구하는 것도 좋지만 특히 기존의 일에서 포지션을 바꿀 수 있는 일로 변화를 갖는다면 더욱 좋다. 그동안의 경력을 포함하여 자신만의 전문성까지 확보할 수 있다면 최고의 직업으로 삼을 만하다.

여성리더십은 여성의 전유물이 아니다

첫째. 관계를 중요하게 여겨라

둘째. 상대의 감성을 존중하라

셋째. 꿈을 스스로 표현하라

넷째. 끈기를 갖고 끝까지 물고 늘어져라

다섯째. 매 상황에 적극적으로 대처하라

연구자료에 의하면 여성은 특별히 노력하지 않아도 관계중심과 공감능력이 뛰어나다고 한다. 그런 의미에서 본다면 첫째와 둘째 항목은 여성보다 남성들이 더 신경을 써야 할 부분이다. 남성들은 관계와 감성보다 일을 중심으로 추진하는 경향이 강하기 때문이다.

여성들은 자신의 강점을 더욱 관계와 감성을 챙겨나가야 한다. 간혹 일을 추진하기 위해 남성들의 일중심 사고방식을 따라 하는 여성 리더들이 있는데, 자칫 강점을 버리고 단점을 따라하는 것은 아닌가 되새겨 보아야 한다.

셋째부터 다섯째 항목은 그동안 남성들의 비해 사회생활에서 차별을 받아왔던 여성들이 더욱 신경을 써야 한다. 여자는 겸손해야 한다고 배워서 꿈도 제대로 표현하지 못하는 이들이 많고, 일을 하다 보면 중간에 그만 두는 경우가 많아 "역시 여자는 어쩔 수 없어."라는 편견을 확인시켜 주는 이들이 많은 것이 사실이다. 또한 매 상황에 적극적으로 대처하지 못해 손해 보는 경우가 많다는 것을 분명히 인식해야 한다.

필자는 워킹맘으로서 1인 3역을 해야 하는 여성들의 고민과 고통을 누구보다 더 잘 안다고 자부한다. 그래서 이론적인 부분보다 필자가 사회활동을 하는 과정에서 겪은 사례를 중심으로 여성리더십을 풀어 보았다.

"AH! 해 보세요."

필자가 요즘 가장 많이 쓰는 말이다. 전에는 치과위생사로 병원에서 환자의 치아를 관리하기 위해 썼던 말이지만, 지금은 대학교수로, 강사로 필자를 아는 모든 이들에게 세상과 소통하는 법을 나누기 위해 수시로 쓰고 있다.

"AH! 해 보세요."

세상에 모든 병과 꿈은 널리 소문내는 것이 좋다. 병을 소문내면 함께 아파하고 도와줄 사람을 만날 수 있고, 꿈을 소문내면 반드시 그 꿈을 이뤄줄 사람들을 만나게 된다. 그러니 아프다고 감추지 말고, 쑥스럽다고 움츠리지 말자.

다시 한번 강조하지만 환자가 쑥스럽다고 입을 벌리지 않는다면, 자신의 치아 건강을 챙길 수 없다. 건강한 치아를 챙기려면 의사 앞에서 입을 활짝 벌려 주어야 한다.

세상도 마찬가지다. 아무리 큰 목표가 있고, 이루고자 하는 꿈이 있더라도 "아!" 하고 입을 열지 않는다면 아무도 알아주지 않는다. 이제라도 세상을 향해 자신의 꿈을 당당히 외쳐 보자. "AH!" 하는 마음으로.

박

우

진

자신이 처한 상황을 인정하고 받아들이며 극복해 나갈 수 있으면 행복한 것이고, 그렇지 못하면 부정적인 감정에 휩싸여 불행해질 수밖에 없는 것이다. 그래서 긍정적인 감정리더십이 필요하다.

긍정적인 삶을 이끄는 감정리더십

왜 긍정적인 감정리더십인가?

"오늘 하루도 견디느라 수고했어. 내일도 버티고, 모레도 견디고, 계속 계속 살아 남으라고…."

'미생'이란 드라마에서 오차장이 퇴근하며 부하 직원에게 하는 말이다. 우리는 하루의 반 이상을 직장에서 보낸다. 따라서 직장생활이 행복하지 않으면 다른 곳에서 행복을 찾기가 힘들다. 하지만 직장생활은 녹록하지 않다. 오죽하면 직장을 적자생존의 정글로 비유하며 살아 남기 위해 버티고 또 견디며 살아 남아야 한다고 하겠는가?

사람은 누구나 하고 싶은 대로 했으면 하는 욕구가 있다. 하지만 자신이 하고 싶은 대로 다 하며 살 수 있는 사람은 거의 없다. 더불어 살 수밖에 없는 주변 사람들과 마음이나 의견이 맞지 않아 하루

종일 긴장하고 불편해하기도 하고, 생각대로 일이 잘 풀리지 않아 고민하며 속상해하기도 한다.

많은 사람들이 기쁘고 즐거운 일은 그대로 느끼고 즐기면서 힘들고 속상한 일은 어떻게든 버텨내야 한다고 생각한다. 오늘도 '미생'의 오차장처럼 살아남기 위해 버티고 견디는 직장인들이 얼마나 많은가?

그런데 정말 버티고 견디는 것이 능사일까? 과연 힘든 상황을 견디고 또 버텨내는 것만이 최선의 방법일까?

2012년 5월 한 포털 사이트에서 남녀 직장인 1,709명을 대상으로 가장 행복한 직업에 대해 조사를 한 적이 있다. 가장 행복할 것 같은 직업에 대해 질문했는데 1위로 꼽힌 직업이 시인과 화가 등 예술가였다.

1위 시인, 화가 등의 예술가

2위 국회의원

3위 연예인

4위 요리사

5위 의사 및 변호사 등의 전문직

  ；

11위 직장인

위의 직업이 행복할 것이라고 생각한 이유는 무엇일까? 설문조사를 했더니 그 결과는 다음과 같았다.

1위 하고 싶은 일을 하는 거 같아서 (64.4%)

2위 돈을 잘 벌 것 같아서 (32.7%)

3위 여가 시간이 많을 것 같아서 (26.2%)

4위 권위와 사회적 위치가 있어서 (21.3%)

5위 일이 편할 것 같아서 (19.8%)

6위 기타 (1.7%)

그런데 과연 그럴까? 행복한 직업 1위에 뽑힌 예술가들은 행복한 삶을 살았을까?

스스로 귀를 자른 화가로 우리가 잘 알고 있는 고흐는 일생을 통해 빈번한 정신적 질환과 근심으로 고통을 겪었으며 37세의 나이에 권총자살로 생을 마감했다. 고흐는 평소 자신과 같이 자연을 사랑하며 자연을 그리는 화가들의 공동체를 만들어 생활하기를 바랐다. 고갱을 설득한 끝에 함께 생활하지만 둘은 공동생활을 하기에 너무나 다른 성격을 가지고 있었다.

고갱이 그린 '해바라기를 그리는 반고흐(1888)'의 그림을 보고 고흐는 고갱이 자신을 정상적으로 생각하지 않는다고 여겨 불쾌한 감정을 갖고 고갱에게 술잔을 던지면서 둘의 관계는 틀어졌다. 그후로 고흐는 정신분열증이 심해지며 자신의 귀 아래 부분을 자르고 미치광이 화가로 몰린다.

권력과 사회적 명성을 지닌 정치인은 어떤가? 왕조시대에 최고의 권력을 쥔 왕들은 언제 독살을 당해야 할지 모르는 두려움에 떨어야 했고, 실권을 가진 신하의 눈치를 보며 생존의 위협을 느껴야 했던 왕들이 대부분이었다.

조선 후기 정조는 겨우 11살에 할아버지 영조가 아버지인 사도세자를 뒤주에 가둬 죽게 하는 광경을 목격해야 했다. 비정상적인 아버지의 죽음을 목격한 어린 아들의 정신과 감정은 어땠을까? 과연 정조의 삶이 행복했겠는가?

행복은 결코 직업이나 환경에 의해 정해지는 것이 아니다. 아무리 좋은 조건의 직장을 다닌다 해도 결국은 그것을 받아들이는 사람의 자세에 달려 있다. 남들이 아무리 부러워하는 직업이라도 깊이 들어가면 그 나름대로의 애환이 있다.

자신이 처한 상황을 인정하고 받아들이며 극복해 나갈 수 있으면 행복한 것이고, 그렇지 못하면 부정적인 감정에 휩싸여 불행해질 수밖에 없는 것이다. 그래서 긍정적인 감정리더십이 필요하다. 스스로 자신의 감정을 관리하며 어떤 상황에서도 긍정적인 마인드로 리드할 수 있는 자기관리가 필요한 것이다.

행복은 겉으로 보여지는 것만으로 알 수 없다. 행복을 추구한다면 스스로 끊임없이 묻고 답하며 긍정적인 감정을 선택해 나가야 한다. 행복이란 절대적인 기준이 아니라 상대적으로 어떻게 마음을 먹느냐에 따라 달라진다. 긍정적인 감정리더십이 행복의 열쇠인 것이다.

행복이란 어디서 오는 것일까?

제주도 휴가를 떠난 적이 있다. 매일 반복되는 일상과 야근으로 힘들고 지쳤으나 휴가 생각에 여름을 버틸 수 있었다. 휴가를 떠나기 전부터 설랬고 제주도에서의 3박 4일은 정말 즐거웠다. 하지만 그때의 즐거움과 행복함은 얼마나 지속되었을까? 일주일? 열흘? 한 달?

"서울 가기 싫다. 출근해야 하잖아."

"하루만 더 있고 싶다."

여행 마지막 날 공항으로 가는 차 안에서 3박4일 간의 행복했던 감정은 어느 새 스트레스로 바뀌고 있었다.

복권 당첨 된다면 아주 기쁘고 행복할 것이다. 하지만 당첨되었을 때의 그 행복은 과연 얼마나 갈까? 연구에 따르면 로또 같은 복권에 당첨된 경우 그 행복감은 1년을 넘지 못했고 큰 후유증을 겪는 경우도 많았다. 시험을 잘 보거나 승진을 하는 경우, 맛있는 것을 먹거나 쇼핑을 하거나 하는 일들도 마찬가지이다.

행복을 느끼기 위해 계속 기쁘고 행복한 일을 만들어 낼 순 없다. 따라서 우리는 우선 행복하다는 것은 과연 무엇이며 어떻게 사는 것이 행복한 감정을 유지하는 것인지에 대해 깊이 생각해볼 필요가 있다.

〈행복〉

1. 복된 좋은 운수
2. 생활에서 충분한 만족과 기쁨을 느끼어 흐뭇함.
   또는 그러한 상태.

국어사전에 나와 있는 행복의 정의이다.

첫 번째 뜻인 '복된 좋은 운수'에서 운수의 의미는 '이미 정해져 있어 인간의 힘으로는 어쩔 수 없는 천운'이라는 뜻으로 위에서 이야기했던 복권당첨 같은 일이라 할 수 있다. 하지만 복권당첨은 자주 있는 일이 아니기 때문에 우리가 원하는 궁극적인 행복이 될 수 없다.

두 번째 뜻인 '우리가 즐겁고 기쁘고 행복한 감정을 느끼며 계속 그러한 상태로 유지하는 것'이란 말에서 참된 행복의 정의를 찾을 수 있다. 행복의 기준은 사람마다 다르다. 지극히 주관적일 수밖에 없다.

행복이란 직장, 건강, 가족, 친구 등의 일상생활의 다양한 부분에서 자기 삶에 대한 만족도로 '만족과 즐거움을 느끼는 상태'라 정의할 수 있다. 즉 직업이나 어떤 일에 행복이 있는 것이 아니라 그것을 편안하고 즐거운 감정으로 받아들이는 마음에서 행복을 찾을 수 있다는 것으로 해석할 수 있는 것이다.

행복이라는 감정을 자주 느끼고 또 유지시키기 위해서는 먼저 '만족과 즐거움을 느끼는 상태'를 유지하는 힘을 키워야 한다. 결국 긍정적으로 감정을 유지할 수 있도록 감정을 관리하는 길밖에 없는 것이다.

슬픔과 분노가 이는 상황에서 행복할 수는 없다. 행복하기 위해서는 이런 감정을 잘 다스리는 방법을 배워야 한다. 행복한 삶을 위한 감정관리에 신경을 써야 한다.

감정관리가 우선이다

"반갑습니다. 박우진입니다. 무엇을 도와드릴까요?"

"무슨 영화관에 주차장이 그렇게 좁아? 주차할 곳 찾느라 영화도 못 보고 시간만 낭비했잖아!! 너 이거 어떻게 보상할 거야? 거기까지 간 시간이랑 차 기름값, 보지도 못한 영화 관람비, 정신적 피해 보상까지 어떻게 해줄 건데?"

"고객님, 불편드려 정말 죄송합…."

"아씨, 사과 필요없고 어떻게 보상할 건지만 말해!! 이xxx야. 내 말이 말 같지 않아? xxxx야!"

고객의 욕을 듣는 순간 온몸이 덜덜 떨리고 눈에서 눈물이 주루룩 흘렀다. 전화를 먼저 끊을 수도 없는 상황에서 아무 대답도 할 수 없었고 멍한 상태에서 어떻게 해야 할지 아무 생각도 나지 않았다. 떨리는 손과 두근거리는 심장만이 느껴질 뿐이었다. 알고 있는 불만고객 응대 매뉴얼은 생각조차 나지 않았다. 온몸이 떨리는 상태가 지속되었고, 마음이 진정되지 않았다. 전화를 받는 것이 두려워지고 고객 응대하는 것이 무서워지기 시작했다.

'또 화내고 욕하는 고객이면 어떻게 하지? 뭐라고 말해야 할까?'

이후로 꽤 오랫동안 회사를 가는 것이 싫었고 건물 입구에 들어설 때부터 가슴이 두근두근 거리며 식은땀이 났다. 그리고 말 한 마디 한 마디에 신경을 쓰기 시작했다.

고객 접점에서 일하는 직원들은 위와 같은 상황을 종종 겪는다. 어떻게 불만 고객을 응대해야 할지 모르는 경우는 거의 없다.

고객의 컴플레인은 신속하게 내용을 접수한 후, 경청을 통해 인정하고 우선 사과를 한다. 그리고 고객의 불만 내용을 명확하게 파악하여 고객의 불만을 인정하는 것이 중요하다. 그것은 고객이 느꼈을 불쾌감에 대한 공감적 인정이다. 고객의 감정에 공감한 후에 원인분석을 하고, 해결방안을 제시할 때에는 몇 가지 대안을 주고 고객이 선택할 수 있도록 하는 것이 중요하다. 고객이 해결방법을 선택했다면 거듭 사과하며 감사표현을 하고 종료하면 되고, 고객이 원하는 해결방법이 없다면 추가 대안까지 제시할 수 있어야 한다.

이것이 불만고객 응대의 매뉴얼이다. 하지만 막상 상황에 부딪히고 누구인지도 모르는 고객에게 다짜고짜 욕부터 먹으면 아무리 베테랑이라도 매뉴얼을 떠올리며 고객응대를 하기가 힘들다.

매뉴얼을 활용하여 고객을 응대하기 위해서는 무엇보다 자신의 감정을 관리하는 것이 중요하다. 아무리 좋은 매뉴얼도 감정이 올라오면 무슨 소용이 있겠는가? 그 감정을 이해하고 관리해야지만 매뉴얼대로 따를 수 있는 것 아닌가?

"강사님! 저희도 저런 매뉴얼 배웠으니까 알고 있고 또 그렇게 하고 싶은데 막상 그런 상황이 닥치면 잘 안 돼요. 저렇게 해야 하는 건 다 알고 있는데…."

"맞습니다. 잘 안 되는 것이 당연하지요. 오늘 배운 대로 하기 위해서 먼저 해야 할 게 있거든요. 바로 나의 감정을 관리하는 거예요. 내 감정을 내가 스스로 조절할 수 있어야만 그 다음인 고객 응대도 할 수 있습니다. 그래서 감정관리가 그만큼 중요하다는 거예요."

감정관리는 무조건 참는 것이 아니다. 욱하는 감정을 있는 그대로 표출하는 것도 아니다. 무엇보다 먼저 자신이 느끼는 감정을 알아차리고 이를 적절히 풀어 나갈 수 있어야 한다.

"일할 시간도 없는데 쓸데없는 회의는 왜 맨날 하는 거야?"

"우리는 죽도록 일하는데 도대체 쟤는 뭐하는데? 맨날 전화통화만 하고 인터넷만 하고 있고!"

"나 그만 둘래, 도저히 못 다니겠어!"

이럴 때마다 감정을 관리하지 못하고 표출한다면 어떻게 될까? 스트레스를 풀지 못하거나 쌓아 두었다가 한 번에 폭발하게 되는 경우 상사에게 감정적으로 대들어서 문제가 생기거나 그 화풀이를 부하 직원에게 하는 상황이 생기게 된다. 그리고 실제로 회사를 그만두는 상황이 발생하기도 한다. 어떤 경우든 최선의 선택은 아니다.

고객센터에서 직원들이 얼마나 스트레스를 받고 있으며 또 어떤 상황에서 스트레스 감정을 느끼고 그 스트레스를 어떻게 해소하는 지에 대해서 설문조사를 한 적이 있다.

먼저 전 직원을 대상으로 언제, 어떤 상황에서 스트레스를 많이 받고, 또 그 스트레스를 어떻게 풀고 있는지 설문조사를 했다. 약 150여명의 직원을 대상으로 스트레스 지수에 대해서 조사한 결과, 80% 이상이 스트레스를 받고 있다고 확인되었으며, 그 중 약 50% 가 스트레스로 두통과 피로 등의 신체적인 반응을 겪은 적이 있다고 했다. 그 50% 중에서 약 10%에 해당하는 인원이 회사를 그만두고 싶다, 동료와 이야기조차 하는 것이 힘들다 등의 반응을 보여 상담이 필요할 정도로 스트레스 지수가 높게 나타났다. 간소화된 설문으로 조사한 결과이긴 하지만 그 결과는 생각보다 심각했다.

설문조사에 나타난 스트레스 상황도 다양했다. 콜이 많아서 밀릴 때, 연장 근무가 있을 때, 날씨 좋은 휴일에 업무를 해야 할 때, 내 잘못이 아닌데 고객으로부터 욕을 들어야 할 때, 고객이 무조건 상급자 바꾸라고 할 때, 컴퓨터가 느려서 고객요청을 빨리 해결해 줄 수 없을 때, 권한이 없어서 고객 불편사항을 바로 해결할 수 없을 때, 옆 사람 목소리가 커서 고객 소리가 잘 들리지 않을 때, 점심시간 1시간이 제대로 지켜지지 않을 때 스트레스를 받는 것으로 나타났다.

스트레스를 해소하고 관리하는 방법에 대해서는 일반적인 내용이 많이 나왔다. 쇼핑하기, 걷기, 여행가기, 맛있는 음식 먹기, 수다 떨기 등….

166

우리가 생활 속에서 흔히 할 수 있는 것들이다. 하지만 그 중에는 '그냥 참는다', '무시한다'와 같은 응답도 많아 스트레스 상황에 제대로 대처하지 못한다는 것을 알 수 있어 안타까움을 불러 일으켰다.

지금 우리는 이와 같은 스트레스 상황에 처해있다. 하지만 자신이 처해 있는 상황에서 스트레스와 부정적인 감정을 제대로 관리하기 위해서 어떤 노력들을 하고 있을까? 무엇보다도 중요한 것은 자신이 어떤 상황에서 어떤 감정을 느끼는지 먼저 알고, 그 감정을 다스리고 관리하는 방법을 찾아나가는 것이다. 사람마다 생김새가 다르고 생활해온 방식 및 성격이 다르기 때문에 감정을 느끼는 이유와 원인도 다르다. 이런 점을 확실히 이해한다면 감정관리는 좀 더 수월해질 수 있다.

누구나 서로 다름을 인정하자

〈구원 허팅〉이라는 좀 오래된 영화가 있다.

월은 어렸을 때 양아버지의 학대를 받은 상처가 있다. 그래서 수학에 천부적인 재주를 갖고 있으면서도 사고뭉치로 자랐다. 그는 한번 본 책은 금방 기억할 정도로 뛰어난 재능과 해박한 지식을 가지고 있으며, 이런 능력으로 자신을 도와주려는 심리상담가를 조롱하기도 했다. 많은 상담사들이 그의 행동에 질려 금방 포기해 버릴 정도였다. 숀이라는 상담사를 만났을 때도 월은 연구실 벽에 걸려 있는 그림을 보고, 숀이 죽은 아내 때문에 괴로워하고 있다는 것을 직감하고, 해서는 안 될 말까지 마구 떠벌리며 상처를 준다. 숀은 잠시 자신의 본분을 잊고 윌의 멱살을 잡아 쫓아낸다. 숀으로서는 윌을 다시 만나지 않아도 손해 볼 것이 없었다. 오히려 상담을 받았다는 소견서를 얻지 못하면 감옥으로 가야 할 입장인 윌이 더 만남을 유지해야 할 절박한 상황이다.

하지만 숀은 윌이 마음속에 큰 상처를 갖고 있다는 것을 알아차리고 그를 치유하기로 마음을 굳힌다. 그리고 마음이 닫혀 있는 윌을 호숫가로 데리고 나가 이렇게 말문을 연다.

"네가 간 다음에 나는 한 동안 화가 나서 잠을 이룰 수가 없었지. 그러나 어느 한 순간 생각을 바꾸니 편안히 잠을 들 수가 있었어. 그게 뭔 줄 알아. 넌 어린 아이라는 거야. 넌 네가 무슨 말을 지껄였는지도 몰라. 네 말 때문에 상대가 어떤 상처를 받을지도 모르고 그저 생각나는 대로 떠벌릴 뿐이야. 그런데 그 말을 듣고 잠을 이루지 못한다면 내가 얼마나 한심한 사람이 되겠니? 이 생각 하나 바꾸니까 편안히 잠이 들 수 있었지."

실제로 우리 주변에는 자신의 말이 상대에게 얼마나 큰 상처를 주는지도 모르고 생각나는 대로 말하는 사람들이 많다. 그리고 많은 사람들이 그 말을 듣고 상처를 받고 괴로워한다.

누구의 잘못이라 할 수 없다. 사람마다 가지고 있는 기질이 다르며, 그것을 표현하는 것이 다를 뿐이라고 상대를 인정할 수 있어야 한다. 상대를 바꾸는 것은 힘들 뿐 아니라 가능한 일도 아니다. 감정 관리는 자신의 마음 속에 일어나는 감정을 살피고 다스리는 자세가 더 중요하다. 그러면 상대가 아무리 막무가내로 한 말이라 할지라 도 상처를 받을 일이 없다.

사람은 아는 만큼 보게 되고, 보는 만큼 성숙하게 된다. 나와 다른 사람을 만났을 때, 그 사람의 행동을 평가하고 판단하게 되면 괴로움이 생긴다. 하지만 그때 얼른 "저 사람은 저게 기질인 거야."라고 인정하고 그대로 바라보면 '그럴 수 있겠다'는 이해심이 생긴다. 다른 사람의 행동에 대해 어쩌고 저쩌고 할 이유가 없어 내 마음 속에 부정적인 감정이 들어설 자리도 없어지는 것이다. 서로의 차이를 인정하면 부정적인 감정은 사라질 수밖에 없다.

느낌과 생각을 구분하자

감정관리의 첫 번째 단계는 내가 느낀 감정을 그대로 인식하는 것이다. 감정을 제대로 느끼고 인식했다는 것은 그 감정을 있는 그대로 표현한다는 것을 뜻한다.

우리가 알고 있는 감정을 나타내는 단어는 아주 많다. 아래의 단어들을 보고 나는 어떤 감정을 자주 느끼며 또 얼마나 많은 단어로 감정을 표현할 수 있는지 체크해보자

〈긍정을 나타내는 단어〉

감동받은, 뭉클한, 감격스런, 벅찬, 환희에 찬, 황홀한, 고마운, 감사한, 즐거운, 유쾌한, 통쾌한, 상쾌한, 기쁜, 반가운, 행복한, 따뜻한, 포근한, 사랑하는, 훈훈한, 정겨운, 친근한, 뿌듯한, 산뜻한, 만족스런, 안심되는, 차분한, 평화로운, 고요한, 여유로운, 평온한, 짜릿한, 흥미로운, 재미있는, 끌리는, 활기찬, 용기나는, 당당한, 기운이 나는, 생기있는, 자신감 있는, 힘이 솟는, 흥분된, 두근거리는, 희망에 찬, 들뜬, 기대에 부푼, 원기가 왕성한

〈부정을 나타내는 단어〉

걱정되는, 신경 쓰이는, 무서운, 오싹한, 겁나는, 두려운, 주눅이 든, 불안한, 긴장한, 떨리는, 초조한, 불편한, 곤혹스러운, 쑥스러운, 언짢은, 난처한, 답답한, 괴로운, 갑갑한, 어색한, 서먹한, 찝찝한, 슬픈, 그리운, 목이 메는, 서글픈, 서러운, 우울한, 참담한, 비참한, 안타까운, 서운한, 야속한, 섭섭한, 외로운, 공허한, 허탈한, 쓸쓸한, 무기력한, 피곤한, 지겨운, 귀찮은, 좌절한, 힘든, 지친, 심심한, 당혹스런, 부끄러운, 속상한, 화나는, 당황한, 황당한

감정을 표현할 때 중요한 것이 나의 느낌을 제대로 표현하고 있는지가 중요하다. 흔히 우리는 느낌과 생각을 혼동해서 사용하고 있는데, 그 이유는 생각을 느낌이라고 표현하고 있기 때문이다.

느낌과 생각을 구분해야하는 가장 큰 이유는 생각이 감정을 결정하기 때문이다. 생각은 감정을 지배하고 그 감정대로 행동을 하게 끔 만든다. 부정적인 생각은 부정적인 감정으로 이어지고 긍정적인 생각은 긍정적인 감정으로 이어진다. 그래서 상대방의 의도와는 다르게 받아들여 감정이 상하게 되며 내가 의도하지 않았던 좋지 않은 상황에 종종 맞닥뜨리게 된다.

감정 관리를 위해 내 감정을 확인할 때에는 어떤 사건으로 인해 내 행동의 변화가 일어나는 것을 살펴야 한다. 화가 났는지, 짜증이 났는지, 슬픈지, 기쁜지, 그 자체를 그대로 알아차리면 되는데 여기서 중요한 것이 느낌과 생각을 구분하는 것이다. 현상에 대한 반응을 머릿속 생각이 아닌 마음 속 느낌의 단어로 표현할 수 있어야 한다.

"내가 정말 무시당한 느낌이야."
이것은 느낌일까? 생각일까?
표현은 '느낌이야'이라고 했지만 이것은 어디까지나 생각일 뿐이다.

"사장님이 나를 보고도 아는 체를 하지 않으면 무시당한 것처럼 느껴져요."

이것은 느낌일까? 생각일까? 생각이다. 사장님이 아는 체를 하지 않은 사실을 두고 무시당했다고 말하는 나의 생각이다. 이 상황에서 내가 느끼는 느낌은 무시가 아니라 다른 감정이다.

"나는 서운하다", "당혹스럽다.", "민망하다." 등이 느낌 표현이 될 수 있다. 사장님이 아는 체를 하지 않은 이유는 모른다. 인사하는 나를 못 봤을 수도 있고 아니면 진짜 나를 무시하는 것일 수도 있다. 하지만 무시당하는 것 같다고 생각한 나의 생각 때문에 나는 진짜 무시당하는 사람이 되고 감정의 상처를 입게 된다.

"너를 한 대 때려주고 싶은 느낌이다."

이것은 느낌일까? 생각일까? 생각이다. 화가 나기 때문에 때려주고 싶다는 나의 생각인 것이다. 이것을 느낌으로 바꾸면 "나는 너한테 화가 난다."로 표현할 수 있다.

이쯤 되면 우리가 일상에서 표현하는 말들의 대부분이 느낌보다는 생각을 말하고 있다는 것을 알 것이다.

"나는 ~ 처럼 느낀다."

"나는 마치 ~ 같이 느낀다."

"나는 내가 ~ 하다고 느껴진다."

이런 표현에는 생각, 평가, 판단, 비판이 따른다. 그렇기 때문에 나의 상황을 사실대로 보지 못하고 있는 그대로의 감정으로 느끼지 못해서 상처 입게 된다.

"이대리가 우리 부서로 온다니까 너무 기뻐요."

"나에게 괜찮다고 말해줘서 고마웠어."

"미루던 일을 다 하고 나니 홀가분하다."

이것은 모두 느낌이다.

느낌과 생각을 구분하여 진정 내 감정을 알아차리는 것이 감정관리의 첫 번째 단계이다.

감정의 원인을 찾자

대학교에 취업 면접 컨설팅을 갔을 때의 일이다.

그 중에 한 학생은 호텔에서 일하는 가족의 추천으로 호텔경영서비스학과를 선택하기는 했지만 실제로 하고 싶은 일은 실용음악이라고 했다. 호텔에서 아르바이트를 해보고 공부를 해가면서 과에 대한 흥미는 조금 생겼지만, 마음에는 실용음악에 대한 미련이 남아 있어서 졸업 후 사회에 나갈 생각을 하니 힘들다고 했다

"강사님, 저 너무 힘들어요, 자기소개서 못 쓰겠어요."

"응? 많이 힘들어?"

"제가 왜 이런 걸 써야 하죠? 쓰기 싫어요."

아직 자신이 어떤 일을 좋아하고 무엇을 해야 하는지 모르는 상황과 힘들어 하는 그 모습이 안쓰러워 보였다. 자신이 하고 싶은 것을 마음대로 해보지 못하고, 취업하기 좋다는 가족의 권유로 어쩔

수 없이 선택한 학과에 마음을 두기란 얼마나 어려운 일인가? 어쩌면 이 학생은 이런 식으로 자신의 답답한 감정을 이해해 달라고 SOS를 보내고 있는 건지 모른다. 학생이 스스로 마음속의 감정이 무엇인지 인지하고 받아들일 수 있도록 하는 것이 우선이었다.

"00아~, 힘들다고 했는데 무엇 때문에 힘든지 말해줄 수 있니?"

"모르겠어요, 그냥 힘들어요, 생각도 안 나고 못쓰겠어요."

"자기소개서 쓰는 게 힘든 거야? 아니면 다른 일이 있어서 그것 때문에 힘든 거야?"

"제가 너무 쓸모없고 아무것도 못하는 사람 같아요, 그동안 뭐했는지 모르겠어요, 제 자신이 너무 부끄럽고 실망스러워요."

학생은 자기소개서를 쓰려고 했으나 그동안 자기가 해놓은 것, 해 온 것이 없어서 쓸 내용이 없다고 했다. 그동안 아무것도 안한 자신이 너무 부끄럽다고 했으며, 하고 싶은 것을 포기한 자신에 대해 실망감도 느껴진다고 했다.

학생이 느낀 감정은 처음에 말한 힘듦이 아니라 부끄러움, 실망감 등의 감정이었다. 이렇게 자신이 느끼는 감정을 정확하게 인지하고 받아들여야 한다. 그래야 그 다음 단계가 가능하기 때문이다.

먼저 학생의 감정을 이해하고 스스로 감정을 인식할 수 있도록 만들어 주었다. 그 후 왜 지금 그런 감정이 드는지에 대해 생각할 수 있는 시간을 주었고 함께 지금 느끼는 감정의 원인을 찾아가기 시작했다. 학생의 부끄러움, 실망감은 어디에서 오는 것일까?

"00아, 왜 스스로에게 실망감을 느끼는 거야? 무슨 일이 있었는지 말해줄 수 있어?"

"하고 싶은 것이 있는데 끝까지 하지 않고 포기했으면서 새로 선택한 것도 열심히 하지 않으니깐요. 호텔경영서비스학과에 왔지만 사실은 저어, 음악 계속 하고 싶거든요. 호텔리어도 공부해보니까 좀 흥미는 생겼는데 언젠가는 음악할 거예요."

"아~, 아직 실용음악에 대한 미련이 남아서 글을 쓰기가 힘들지? 그리고 지금 공부하고 있는 호텔리어에 대한 확신이 서지 않아서 자기소개서를 쓰기가 더욱 힘들 거야. 그렇지?"

"예. 맞아요. 제가 왜 호텔리어가 되어야 하는지 몰라서 어떻게 써야 할지 모르겠어요."

"맞아. 자기소개서란 먼저 직무에 대한 확신이 서야 쓸 수 있는데, 아직 그러지 못하니까 쓰기 힘들 거야. 그런데 한번 생각해 보자. 00이는 왜 음악이 좋아? 왜 실용음악에 대한 미련을 버리지 못하고 있는 건데?"

"글쎄요, 깊이 생각은 해보지 않았지만, 우선 내가 만든 노래를 듣고 사람들이 좋아하는 모습을 상상하면 그냥 기쁠 것 같아요."

"그럼, 00이는 사람들이 00이의 음악을 듣고 기뻐하는 걸 생각하는 게 좋은 거네?"

"네, 맞아요. 그런 거 같아요."

"그럼, 조금 다르게 생각해 보면 어떨까? 지금 우리가 배우는 것도 그런 것 중에 하나인데. 내가 호텔리어가 되어 고객한테 친절하고 좋은 서비스를 제공해서 고객이 기뻐하는 걸 생각하면 어떨까? 그것도 음악으로 기쁘게 하는 것과 같은 게 아닐까?"

"그게 그렇게 되나요?"

"한번 잘 생각해 보자. OO이가 음악을 하고 싶은 이유는 음악을 통해 사람들을 기쁘게 해주고 싶다는 거잖아?"

"예, 맞아요."

"그렇다면 지금은 우선 호텔리어가 되어 서비스를 통해 사람을 기쁘게 하는 것을 생각해 보면 어떨까? 그러니까 지금 이 순간만큼은 내가 처한 상황에 최선을 다해 보는 게 좋지 않을까?"

학생은 현재 자신이 선택한 일에 대해 확신을 갖지 못해 흔들리고 있을 뿐이지, 나름대로 자신이 당장 해야 할 일이 무엇인지는 잘 알고 있는 학생이었다.

"강사님, 저 때문에 많이 힘드셨죠? 죄송해요, 선생님이 잘 알려주시고 도와주신 덕분이에요. 정말 감사드려요."

"그래, OO아! 축하한다."

학생은 언제 그랬냐는 듯이 얼른 생각을 바꿔 이력서와 자기소개서를 쓰고, 또 면접 준비도 열심히 해서 취업캠프 면접 콘테스트에서 당당히 2등을 차지했다.

제3자의 입장이 되었을 때 넓고 크고 깊게 볼 수 있는 힘을 가진다. 감정도 마찬가지이다. 그 감정 속에서 허우적거리고 있는 나는 정작 내가 무엇 때문에 힘든지 어떤 감정인지 스스로 알지 못한다. 설사 알더라도 왜 내가 그런 감정을 느끼는지에 대해 모르는 경우도 있다. 아니, 알고 싶지 않아 그냥 덮어버리는 경우가 있다. 그래서 당사자보다는 주변사람들이 감정을 헤아리고 감정의 원인에 대해서 함께 찾아 갈 수 있도록 도와주는 것이 무엇보다도 중요하다. 하지만 매번 다른 사람의 도움을 받을 순 없으니 스스로 감정을 정확하게 느끼고 알아가는 것은 필요하다.

모든 문제는 자신이 제일 잘 알고 있다

고객응대를 하는 직원들을 상대할 때는 무엇보다 먼저 그들의 마음을 이해하는 것으로 시작해야 한다. 그들이 하는 일이 정말로 힘들다는 것을 이해하고, 또 그 힘든 것을 이해 받고 싶어 한다는 것을 받아들이고 접근하면 교육생도 진심으로 마음을 열고 다가온다.

항상 고객 응대 서비스에서 1~2등을 하는 직원에게 문제가 생겨 1:1 코칭을 할 때의 일이다. 고객에게 공감을 잘해주고, 좋은 서비스를 제공해서 인센티브를 받기도 했던 직원인데, 어느 순간 고객 응대 서비스가 예전보다 훨씬 떨어진 것이 확인되어 코칭을 진행한 것이다.

"요즘 생활은 어때요?, 식구들을 다 잘 지내죠?"

"이상하게 슬럼프인 것 같아요. 고객 응대하는 것이 제일 자신 있었고, 또 일하면서 재미도 있었는데 지금은 그렇지 않아요."

"그 이유가 무엇이라고 생각하나요?"

"최근에 심한 감기 몸살을 앓았는데, 아직 목이 낫지 않고 있어요. 몸 상태가 좋지 않으니까 고객응대도 힘이 드네요."

감기 때문에 목소리가 잘 나오지 않아 고객이 자신의 말을 잘 알아듣지 못해 몇 번씩 같은 말을 반복해야 하고, 그 과정에서 고객의 짜증이나 질타를 듣게 되었다는 것이다. 그동안 고객으로부터의 항상 칭찬만 들었는데 그런 상황이 받아들이기 힘들었다고 했다. 그러다 보니 점점 일하기가 싫고 고객과의 통화에서 짜증이 나고 짜증이 나니 고객 상담을 빨리 끝내고 싶어서 고객의 이야기를 잘 듣지 않는다고 했다. 자신의 문제를 알고는 있지만 알고 있는 것에서 그치니까 악순환이 반복되고 있는 상황이었다.

"제가 힘든 상황을 이야기하면 동료들은 들어 주지도 않아요. 오히려 '넌 원래 잘하면서 왜 그래?', '넌 잘 하잖아?'라며 전혀 저를 이해해주지 않아요. 너무 서운해요. 그런데 서운하다 생각하면 더 서운하고 힘들어질까 봐 그냥 참고 있어요."

그동안 워낙 잘하니까 힘들다고 해도 주변에서 공감해주는 동료를 만나기도 힘들었다는 것이다.

"강사님, 제가 고객한테 짜증내고 있다는 걸 저도 느끼거든요. 그런데 그걸 알면서도 계속 짜증내면서 이야기를 해요. 고객 이야기 들어줘야 하는데 그냥 제 말만 하고 빨리 끊고 싶어요. 그래서 힘든 거 같아요, 이런 적이 거의 없었거든요."

업무 성과가 나지 않는 데는 다 이유가 있다. 그 이유를 확인하고 이야기를 듣고 스스로 문제점을 파악해서 개선할 수 있도록 도와주는 것이 코칭하는 사람의 일이다.

"00씨, 이렇게 이야기 해줘서 너무 고마워요. 몸도 계속 아프고 이야기 듣고 공감해주는 사람도 없어서 많이 속상하고 힘들었을 것 같아요. 아마 그 동안 너무 잘해 와서 지금의 상황과 감정을 인정하고 싶지 않아서 더 힘들었을 거예요."

"아니에요, 강사님. 제가 갑자기 점수가 떨어져서 힘드셨죠? 이렇게 이야기 들어주시는 것만으로도 감사해요. 사실 왜 그런지 어떻게 해야 하는지 다 아는데 잘 안 되니깐…. 하루 정도 연차 내고 아무생각 없이 푹 쉬면 좀 괜찮아질 것 같기도 해요."

"그래요, 좋은 생각인 거 같아요. 푹 쉬면 몸은 좀 나아지니까. 그리고 우리 메신저 있으니깐 메신저로 언제든지 이야기해요, 알았죠? 그리고 너무 잘 하려고 하지 않아도 돼요. 지금 뭐가 힘들고 어떻게 해야 하는지 아는 것만으로도 반 이상은 한 거예요. 그리고 00 씨가 이미 자신의 감정이 어떤 상태인지 무엇을 해야 하는지 다 알고 있으니까 지금 잠깐의 슬럼프 금방 극복할 수 있을 거예요."

코칭을 하면서 상대의 이야기들을 들어주고, 호응해 주고, 감정을 이해해 준 것만으로도 많은 효과를 얻는다. 이 직원은 그동안 자신이 힘들었던 이유가 감기로 목소리에 이상이 생겨서 그렇다는 것을 이야기하는 중에 스스로 알아차렸다. 실적에 대한 강박 관념 때문에 쉴 생각도 못했는데, 하루 정도 쉬는 것이 자신에게 더 좋은 일이라는 해결 방법도 스스로 찾아낸 것이다.

모든 문제의 원인은 자기 자신이 제일 잘 알고 있다.

감정은 스스로 선택하는 것이다

"내가 당신을 니그로(흑인을 비하하는 말)라고 부르면 어떻게 할 거냐?"

미국의 배우 모건 프리먼이 독일 일간지와의 인터뷰에서 이런 질문을 받았다. 하지만 그는 아무런 마음의 동요도 없이 대답했다.

"아무것도요, 잘못된 단어를 쓴 사람은 당신이니까. 난 당신이 가진 문제를 당신 혼자 해결하게 내버려 둘 겁니다."

흑인인 모건 프리먼은 기자의 질문에 분노하거나 혹은 자기 비하하지 않았다. 그는 이미 남을 비하하는 사람이 못난 사람인데, 그런 사람의 말을 듣고 감정의 변화를 일으키면 그 사람보다 더 못난 사람이 된다는 것을 알고 있었다. 그는 이미 흑인을 비하하는 사람보다 높은 자존감을 갖고 있었던 것이다.

"아니, 기자가 어떻게 그런 질문을 할 수가 있죠? 저는 불쾌해서 인터뷰 못하겠네요?"

만약에 모건 프리먼이 이런 반응을 보였다면 어떻게 되었을까? 이미 자신이 흑인을 비하하는 사람보다 낮은 자존감을 갖고 있다는 것을 드러내는 것밖에 되지 않는다.

우리는 누군가에게 상처를 주거나 받는 삶을 되풀이하고 있다. 물론 상처를 주는 사람은 정해져 있지 않다. 문제는 그들은 한결 같이 가족이거나 친구, 또는 직장 동료와 같이 함께 부대끼는 사람 중에 있다는 것이다. 나와 아무 관계가 없으면 상처를 줄 일도 받을 일도 없다. 결국 상처란 가장 가까이 있는, 또는 가장 필요로 하는 사람끼리 주고 받는다. 어쩌면 삶 자체가 그렇기 때문에 완전히 상처를 없앨 수는 없다. 무의식적으로 주거나 받는 상처를 줄여 나가야 한다.

상대의 말을 듣고 감정이 올라오면 상황을 객관적으로 판단할 이성은 마비되기 마련이다. 하지만 상대가 아무리 나에게 상처주는 말을 해서 내 감정이 나빠졌더라도 그 감정을 일으키지 않으면, 그 다음부터는 상황이 객관적으로 보이기 시작한다.

상대의 말과 행동 때문에 감정이 올라왔다면 얼른 나를 살필 일이다. 그리고 화를 낼 것인지 아닌지 감정은 내가 선택하면 된다.

부정적인 상황에서 나 자신이 어떻게 생각하고 반응하는지를 세세하게 나누어 보자.

먼저 감정을 일으키게 한 사건이나 상황을 적은 후 그 당시 나의 생각과 느낀 감정을 적어 보자. 그리고 현재 이성적인 상황에서 나의 생각을 적어보고 앞으로 나의 자세나 태도에 대해서 적어보자.

모건 프리먼의 상황을 예로 들어보자.

1. **사건 상황** : 기자가 나에게 "니그로"라고 인종차별적 발언을 함.

2. **당시 나의 생각** : 나에게 욕을 하다니 너무 화가 난다. 공

식적인 인터뷰에서 인종차별적 질문을 하다니 어떻게 답해야 할지 당황스럽다.

3. **생각으로 인한 나의 감정** : 분노, 당황함, 슬픔

4. <u>**생각의 전환(합리적 생각)**</u> : 인종차별적 질문을 하는 기자가 잘못된 것이다. 나는 단지 피부색이 검은 것일 뿐 다른 사람들과 똑같은 사람이다.

5. **앞으로의 변화** : 내가 잘못하지 않은 상황과 불쾌하지 않아도 되는 상황이라면 나는 화를 내지 않을 것이다. 나는 감정 관리를 스스로 할 것이다.

우리 일상에서도 예를 들어보자. 회사에서 상사가 힘들게 제출한 보고서를 보고 다시 해오라고 하면 어떻게 해야 할까?

1. **사건 상황** : 상사가 내 보고서를 다시 해오라고 함.

2. **당시 나의 생각** : 잘못한 건가? 역시 난 능력이 없어. 난 왜 이렇게 제대로 하는 게 없지?

3. **생각으로 인한 나의 감정** : 불안함, 자책감, 열등감

4. <u>**생각의 전환(합리적 생각)**</u> : 상사는 나보다 관련 분야 전문가이니 부족한 부분을 보완하라고 하는 것은 당연하다. 이번 한번으로 내가 능력이 없다고 자책하면 안 된다.

> 5. 앞으로의 변화 : 누구나 완벽할 순 없다. '난 안 될 거야' 라는 생각에서 벗어나야 한다. 다른 일은 잘하고 있으므로 내가 하는 모든 일에서 능력이 없다고 생각하지 말자.
>
> 〈감정은 습관이다(박용철지음), 185p 감정수첩 예시 재구성〉

당시의 감정을 다시 한 번 합리적으로 생각해보고 절대 긍정적으로 바라보아야 한다. 내가 만약 부정적인 감정으로 받아들이고 상처를 받았다면 긍정적으로 생각하고 행동하기 위해 노력해야 한다. 부정적인 사건에 대해서는 나뿐만 아니라 모든 사람에게 일어날 수 있다고 생각하는 것이 중요하다. 또한 항상 그런 것이 아니라 이번에는 어쩔 수 없이 발생한 거라고 생각하는 것도 중요하다. 한 가지 잘못한 일을 모든 일에 적용시키는 것이 아니라 얼른 이 상황만 부정적인 것이라고 떼어 놓는 노력도 중요하다.

이런 습관을 들이다 보면 어느 순간 부정적인 감정이 올라 올 때 이것을 내가 계속 느끼고 있는 감정인지 아닌지 구분하기가 쉽고, 감정이란 이제 자신이 스스로 선택하는 것일 뿐이라고 이해하게 된다.

상처받지 말고 말로 표현하라

"마음먹은 대로 되지 않는 걸 어떻게 해요?"

"짜증을 내면 안 된다는 것을 아는 데 막상 그 순간에는 안 되는 걸 어떻게 하죠?"

강의나 면담을 하면 직원들이 제일 힘들어하는 것이 바로 이 부분이다. 고객, 상사, 동료, 가족, 친구들로부터 안 좋은 말을 들었을 때, 감정이 상하고 그럴 경우 무조건 참거나 부정적인 감정을 크게 폭발시켜 버리게 된다고 한다. 화나 짜증을 내면 안 되고 감정 조절을 해야 하는데 어떻게 해야 할지 모르겠다는 것이다.

감정을 관리하는 것은 참는 것이 아니다. 감정이 올라오는 것을 참으려고 하니까 더 참을 수 없게 되는 것이다. 이런 경우에는 감정을 인정하고 그 감정 속에 숨어있는 내 안의 욕구를 찾아야 한다.

내가 감정을 표현해서 상대에게 얻으려고 하는 것은 무엇인가? 상황에 맞게 긍정적으로 잘 풀어나가는 것이 감정을 잘 관리하는 것이다.

기분 좋은 감정이라면 그대로 지속해도 괜찮겠지만, 만약 기분이 좋지 않은 부정적인 감정이 계속 유지되지 않도록 해주어야 한다. 그러기 위해서는 다음의 다섯 단계를 살펴봐야 한다.

첫째, 무엇보다 먼저 지금 그대로의 내 감정을 아는 것이다. 어떤 사건으로 인해 내 행동의 변화가 일어나는 지를 살피는 것이다. 화가 났는지, 짜증이 났는지, 슬픈지, 기쁜지, 그 자체를 그대로 알아차리면 된다.

둘째, 첫째 단계에서 알아차린 감정을 있는 그대로 '내가 느끼고 있구나' 라고 인정한다.

셋째, 내가 느낀 감정이 무엇 때문인지, 왜 일어났는지 이유를 찾는다.

넷째, 그 감정을 내가 느껴야하는 것인지, 아니면 그대로 무시하고 끊어내야 하는 것인지 판단하고 선택한다.

다섯째, 감정조절과 통제를 통해 감정을 관리한다. 내가 느껴야 하는 감정이라면 스스로 감정조절을 해야 하고, 내가 무시해도 되는 감정이라면 그 감정을 나에게 준 사람이나 사건에게 그대로 되돌려주는 것이다.

이 중에 다섯 번째인 감정을 조절하고 통제하는 방법으로 활용해야 하는 것이 바로 '말로 표현하는 것' 이다. 즉 보고 들은 사실을 그대로 표현하고, 그 사실을 통해 자신이 느낀 감정을 솔직하게 표현하는 것이 중요하다.

감정을 솔직하게 표현한다는 것은 나의 진짜 욕구를 표현한다는 것이다. 그 욕구를 충족하기 위해 구체적으로 이뤄야 하는 것, 상대방이 꼭 해줬으면 하는 바람을 사실대로 표현하는 것이다.

이때 내 말을 듣는 상대방의 입장과 반응을 충분히 살피는 것이 중요하다. 나의 요구가 받아들여지지 않았을 경우에는 상대가 나의 욕구를 알아차릴 수 있도록 다시 적극적인 노력을 기울여야 한다.

감정의 욕구를 찾아라

연인과 함께 이사한 친구의 집들이를 갔다. 친구는 여러 가지 맛있는 음식을 차려놓았고 우리는 음식을 먹고 대화를 하면서 즐거운 시간을 보내고 있는 상황이라고 생각해보자.

"음식 정말 맛있네요. 최근에 먹은 음식 중 제일 맛있어요. OOO씨 요리 잘하시나 봐요."

사랑하는 연인이 친구의 음식솜씨를 칭찬하는 상황이다. 어떤 느낌이 드는가?

"너무 기뻐요."

"그 사람한테 감사해요."

"너무 뿌듯하네요."

이와 같은 감정을 느꼈다고 해보자. 이 감정의 뒤에 숨어 있는 욕구는 무엇일까? 왜 이런 감정을 느낄 수 있는 걸까? 바로 나의 연인이 내 친구와 좀 더 친해졌으면 하는 마음, 나와 친한 사람을 존중하고 그가 베푼 마음에 같이 공감했으면 하는 마음이 있기 때문이다.

하지만 이런 느낌이 드는 이유는 무엇일까?

"좀 섭섭해요."

"화가 나요."

이 느낌 뒤에 숨어 있는 욕구는 나를 더 사랑하고 위해주는 사랑에 대한 애착의 마음이 더 크기 때문이다.

열심히 과제를 준비해갔으나 "자료가 많이 부족하다"라는 교수의 피드백을 받은 상황이다. 창피하기도 하고 좌절감도 느껴지며 노력한 부분을 몰라주는 교수님에게 서운한 느낌도 들 것이다. 이런 느낌은 이 분야에서 전문가로 인정받고 싶은 욕구가 크기 때문에 느껴지는 감정이다. 내가 느낀 감정 뒤의 숨어있는 욕구를 찾게되면 내가 맞닥뜨린 상황에서 긍정적으로 반응할지 부정적으로 반응할 지 선택할 수 있게 된다.

생각이 감정을 지배한다. 욕구를 정확하게 알고 나면 그 욕구를 그대로 표현하여 감정으로 만들지 아닐지도 내가 선택할 수 있기 때문에 감정 관리를 하는데 아주 큰 도움이 된다.

긍정적인 반응이라면 느낀 그대로 표현하면 되고 부정적인 반응이라면 표현하는 방법을 한 번 더 생각해보아야 한다. 느낀 대로 "서운해!", "짜증나!"로 표현한다면 말하는 나도 듣는 상대방도 서로 감정이 상하기 마련이다.

"바빠요, 무슨 일처리가 이렇게 느려요? 빨리해주세요."

이렇게 고객이 바쁘다며 불만을 표현하는 상황이라면 어떻게 대응해야 할까?

"잠시만요. 고객님, 자꾸 질문하시니까 제가 빨리 못해드리잖아요. 그러니까 좀 기다리세요."

이런 표현은 고객이 자꾸 질문을 해서 상담이 빨리 진행 안 된다고 고객을 탓하는 표현이라 바로 더 큰 컴플레인을 불러올 수 있다. 따라서 올바른 대화법이 아니다. 이때는 얼른 상대의 감정을 헤아리고, 솔직하게 내가 처한 상황을 표현할 수 있어야 한다.

"고객님, 급하신데 빨리 알려드리지 못해 죄송합니다. 30초 정도만 더 기다려 주시면 바로 확인해서 알려드리겠습니다."

이렇게 고객의 상황을 객관적으로 이야기하고 나의 느낌을 표현한다. 그리고 조금 기다려주시면 고객이 원하는 것을 신속하게 확인할 수 있다고 부탁을 하는 것이다.

이러다 보면 나 역시 무조건 참는 것이 아니라 내가 처한 상황을 말로 표현하면서 감정을 풀 수 있고, 그렇게 감정을 풀고 이야기함으로써 고객에게도 내 안에 일어나는 불쾌하고 기분 나쁜 감정을 있는 그대로 전달하지 않을 수 있다. 아울러 고객에게 나의 욕구를 솔직하게 표현함으로써 내가 원하는 것을 들어주게 만드는 것이다.

생각으로 감정을 조절하자

원효대사의 해골물은 감정관리에서 매우 중요한 이야기다. 깜깜한 어둠속에서 목이 말라 물을 찾다가 바가지에 담긴 물을 마셨을 때는 매우 시원하고 갈증이 해소되는 감정을 느낀다. 하지만 밝은 아침 그 물이 해골에 담긴 물이라는 것을 알았을 때의 감정은 어떠한가? 같은 물이지만 해골에 담겨 있다는 것을 알았을 때와 몰랐을 때의 우리의 감정 반응은 매우 다르다.

감정은 외부 자극에 대한 반응인데, 뜨거운 물건에 손이 닿으면 바로 손을 떼는 반응과 같은 반사적인 반응과는 달리 뇌에서 인지

과정을 거쳐서 나오는 반응이다.

누군가가 교통사고로 다쳤다는 소식을 접할 때, 그 사람과 친한 관계였는지 아니면 전혀 모르는 사람인지에 따라 우리의 감정은 달라진다. 또 웃는 사람을 보면서 느끼는 즐거움의 강도는 그 사람이 웃는 이유가 무엇이냐에 따라서 달라진다. 똑같이 화나는 상황이라고 하더라도 상대방이 의도적으로 그랬다고 생각하면 화가 더 많이 나지만, 상대방이 실수로 그런 것이라고 생각하면 화가 금방 풀릴 뿐 아니라 오해해서 미안하다는 말로 쉽게 화해하기도 한다. 즉 나에게 감정을 일으킨 사건 자체뿐만 아니라 그 사건의 의미에 따라 감정이 달라지는 것이다. 일어난 사건은 똑같은데, 그 상황을 어떻게 생각하느냐에 따라서 감정이 달라진다.

사람의 생각이 감정을 지배한다. 나의 어떤 기준이나 생각으로 스트레스나 감정을 조절할 수 있다.

긍정적 감정을 생생하게 상상하자

파블로프는 개에게 먹이를 줄 때마다 종소리를 들려주었다. 오랜 기간 그런 식으로 먹이를 주고 나서 나중에는 먹이를 주지 않고 종소리만 들려주었는데도 개는 마치 먹이가 주어진 것처럼 침을 질질 흘렸다.

바로 특정상황, 자극에 습관화가 된 것이다. 감정도 이 원리가 적용된다. 비슷한 상황이 오면 나도 모르게 습관화 된 감정이 불쑥 나타난다. 그래서 긍정적인 감정에 익숙해지도록 하는 것이 중요하다.

하우아이젠과 크레서는 2001년 연구에서 피아니스트들은 음악을 듣거나 피아노 치는 것을 상상하는 것만으로도 실제 피아노를 치듯 손가락을 움직이는 뇌 부위가 활성화된다는 것을 알아냈다. 또한 미국의 나키아 고든 박사는 연구를 통해 단지 웃는 모습을 상상하는 것만으로도 우리의 감정이 긍정적으로 바뀌며 실제로 웃을 때처럼 뇌 영역이 활성화된다는 것을 발견했다. 상상만으로도 실제 행동을 하는 듯한 효과를 볼 수 있고 생생한 감정도 만들어 낼 수 있다는 것을 발견한 것이다.

우리의 뇌는 생생하게 상상을 하면 실제 일어난 일처럼 받아들이기 때문에 긍정적인 상황을 생생하게 상상하는 것을 통해 즐겁고 감사하고 행복한 긍정적인 감정을 느낄 수 있도록 할 수 있다.

긍정적 감정을 습관화하자

우리는 보통 우울하거나 부정적인 사람은 긍정적인 사람보다 기쁘고 즐겁고 행복한 감정을 덜 느낀다고 생각한다. 과연 우울한 사람, 긍정적인 사람은 타고나는 것일까?

위스콘신 대학의 리처드J. 데이비드슨 교수의 실험에서 우울증을 앓고 있는 사람들과 긍정적인 정서를 지닌 사람들로 그룹을 나누어 기분이 좋아질 만한 사진들을 보여주었다. 그리고 기쁨이나 즐거움을 느낄 때 활성화되는 뇌 부위를 조사해봤더니 두 그룹 모두에서 즐거움을 느끼는 뇌 부위가 활성화되었다. 또한 뇌활성화 정도도 거의 유사했다. 두 그룹 모두 비슷한 정도로 유쾌한 감정을 느낀다는 것을 알 수 있다.

다른 점은 그것이 유지되는 시간이다. 평소 긍정적인 정서를 가지고 있는 그룹은 한 시간 이상 뇌 부위가 활성화 된 반면 우울증 그룹은 단지 몇 분 동안만 활성화가 유지되었다.

우울함이 습관이 된 사람이라고 해서 즐거움과 행복함을 느끼지 못하는 것은 아니다. 다만 그 기분 좋은 감정을 빨리 망각해버리는 것이다. 우리의 뇌는 항상 느끼는 그 감정에 익숙하기 때문에 즐거운 감정을 느꼈어도 금방 잊어버리고 다시 그 이전의 우울한 감정을 느끼게 한다.

긍정적인 감정을 오랫동안 유지하게 해주는 것은 무엇일까? 내가 느꼈던 긍정적인 감정을 인식하고 기억하는 것이다. 그래서 내가 느낀 감정이 무엇인지 확인하는 것이 중요하다.

나의 감정을 그때그때 노트에 써보자. 먼저 일어난 상황을 적고 그때 느낀 감정을 적는다. 어떤 감정인지 잘 모르겠다면 앞서 이야기한 감정단어 표를 보고 나의 감정을 구체화 시켜도 된다. 좋은 감정을 느낄 때마다 감정을 써나가고 그때 그 상황을 떠올리고 그때 감정을 다시 한 번 느껴본다. 뇌가 긍정적인 감정에 익숙해지도록 해야 한다.

"삶이 뭐라고 생각해요? 거창한 질문 같아요? 간단해요 선택의 순간들을 모아두면 그게 삶이고 인생이 되는 거에요 매순간 어떤 선택을 하느냐, 그게 바로 삶의 질을 결정 짓는거 아니겠어요?"

그렇다. 우리는 모두 행복한 삶을 원한다. 어떤 선택을 하느냐에 따라 행복할 수도 있고 아닐 수도 있다. 행복한 삶을 원한다면 매 순간 즐겁고 기쁘고 긍정적인 감정을 선택하면 된다. 스스로 행복한 감정을 선택하고 유지하고 관리하는 것을 통해 내가 생각하는 삶을 만들어 나갈 수 있다.

손
미
혜

사람의 몸에서 나온 소리가 향기처럼 퍼져 나가 다른 사람에게 가서 닿듯이 노래를 부른 사람의 소리향기가 다른 사람의 몸에 은은하게 밴다고 상상해보라. 세상에 이보다도 멋진 소통 방식이 또 있을까.

선율로 느끼는 소리향기 리더십

여보, 노래가 기도야

"시간 괜찮으시면 노래 한 곡 부르고 가세요."

소리향기를 찾아온 손님들에게 필자는 묻지도 따지지도 않고 노래를 부르고 가라고 권한다. 그 손님이 물건을 팔러 들린 세일즈맨이든, 위층에서 요가를 가르치는 선생님이든, 관리비를 받으러 온 건물주든 상관없이 말이다.

"노래 배우러 온 거 아닌데요?"

뜬금없는 노래 제의를 받은 손님들은 하나 같이 이렇게 말하면서 주저한다.

필자에게 새로 나온 보험 상품을 소개하려고 소리향기를 찾았던 보험의 여왕도 그랬다. 보험의 여왕이란 별명을 가진 그녀는 별명처럼 보험 세일즈계의 일인자였다. 그녀에게 노래를 권했다.

"나 노래 못한다니까, 갑자기 무슨 노래야?"

그 때 한 수강생이 부르는 패티김 노래의 반주가 수강실 밖에까지 흘러나왔다.

"어머나, 패티김 노래도 있어? 나 패티김 팬인데……."

마음을 바꾼 그녀는 그럼 이왕 이렇게 된 거, 좋아하는 패티김 노래나 한 곡 부르고 가겠다고 했다. 그녀는 패티김의 수많은 히트곡 중에서도 〈그대 내 친구여〉를 골랐다. 전주가 시작되자 그녀는 조금 긴장한 것 같은 굳은 표정으로 모니터를 응시했다. 그러나 노래의 시작과 함께 패티김의 노래 속으로 깊이 빠져 들었다.

어둠속에서 혼자 울고 있을 때
나의 손을 꼭 잡아 준 사람
비, 바람 불어도 늘 곁에 있어 준 사람
그건 바로 당신이었소.
내 친구여 내 사랑아나
죽어도 그대 잊지 않으리.
평생을 사랑해도 아직도
그리운 사람 그대는 내 친구여

노래를 마친 그녀의 눈가가 젖어 있었다. 그녀는 노래로 격해진 감정을 달래며 흐르는 눈물을 닦았다. 잘 알지도 못하는 사람 앞에서 노래를 부르다가 운 것을 겸연쩍어했다.

"아유, 노래하는 데 갑자기 눈물이 나네."

노래를 부르며 마음의 경계를 푼 그녀는 자연스럽게 자신의 이야기를 털어놨다.

보험의 여왕이 〈그대 내 친구여〉를 부른 데에는 이유가 있었다. 보험사의 다른 동료들보다 성실하게, 때로는 악착 같이 영업을 뛴 그녀는 매달 영업 실적 일등이라는 타이틀을 놓치지 않았다. 처음에는 스스로의 유능함에 뿌듯했고 일하는 게 즐거웠다. 일중독이라는 소리를 들을 정도로 더 열심히, 일에만 매달렸다.

그런데 어느 순간부터 주변에 사람이 보이지 않았다고 한다. 흔히 말하는 '일등의 외로움' 이라고 해야 하나? 친했던 동료들도 하나씩 멀어졌고 가족들도 일에만 몰두하는 아내와 엄마에게 불만을 표했다. 결국 의지할 수 있는 것은 일뿐이어서 그녀는 하루 중 대부분의 시간을 고객들을 만나 상품을 소개하면서 보냈다.

"내가 뭐 때문에 악착 같이 살았는지도 모르겠어. 일이 잘 되면 행복해질 줄 알았지 이렇게 외로워질 줄 알았나. 아까 불렀던 노래 가사처럼 죽어도 잊지 않을 친구 하나만 있었으면 좋겠어."

그녀는 마음속에 있던 말을 털어놨더니 한결 후련해졌다면서 또 다른 고객을 만나러 갔다. 그녀는 오랫동안 그 날의 감동을 잊지 못한다고 했나.

신기하게도 사람들은, 사연 있는 노래를 한 곡 부르고나면 자신의 이야기를 털어놓는다. 자신을 아프게 하는 것, 힘들게 하는 것, 걱정이나 근심까지, 어디에도 털어놓지 못했던 이야기를 모두 풀어놓는다.

"선생님, 제가 목소리가 이런데 노래할 수 있을까요?"

어느 날, 자그마한 체구에 예의바른 주부 한 분이 소리향기를 찾아왔다. 노래를 배우고 싶은데 목소리가 잘 안 나와서 자신이 없다고 털어놨다. 알고 보니 그녀는 어린 시절, 사고로 연탄가스를 마시고 중독된 적이 있었다. 그때 기도를 다쳐 목소리가 시원하게 나오지 않고 상반신의 움직임도 어딘가 모르게 부자연스러웠다. 크진 않지만 얼굴에 화상 자국도 남아 있었다. 그녀는 작고 듣기 불편한 목소리가 콤플렉스라고 의연하게 말했다. 하지만 그녀가 오랫동안 간직하고 살았던 아픔을 느낄 수 있었다. 필자는 이내 슬픈 감정을 날려버리고 기운 넘치는 목소리로 대답했다.

"당연히 하실 수 있죠! 소리는 목으로 내는 게 아니라 단전에서 나오거든요."

그녀는 소리향기의 다른 어떤 수강생보다 수업에 열의를 보였다. 그녀를 만나는 날이면 유난히 기분이 좋았다. 한눈에 보기에도 그녀는 좋아지고 있었다. 목이 트여서 소리가 커졌고 굳어 있던 몸이 조금씩 풀렸다. 무엇보다 그녀의 표정이 한결 밝아졌다. 노래를 즐기면서 성격까지 명랑해진 것이다.

아내의 긍정적으로 변화는 남편에게까지 전해졌다. 예전보다 표정이 밝아지고 자주 콧노래를 흥얼거리는 아내를 보며 남편도 덩달아 기뻤했다.

"여보, 노래가 기도다. 노래가 기도야."

아내가 달라진 것이 남편은 기적처럼 느껴졌다.

어린 시절을 돌아보면 우리는 누가 시키지 않아도 곧잘 노래를 불렀다. 친구들과 뛰어 놀면서 길을 걸으면서 동요를 불렀다.

"꼬마야, 노래 한번 해봐."

누구나 어른이 노래를 시키면 주저하지 않고 노래를 한 곡 부르고 덤으로 용돈을 받기도 했던 기억이 있을 것이다. 그런데 우리는 언젠가부터 노래를 잊어버렸다. 술에 취해서 흥이 나거나, 돌아가면서 노래 한 곡씩 부르는 자리에 가지 않는 이상 노래를 부르지 않는다. 음악 듣는 걸 즐기는 사람도 직접 노래를 부르는 일은 드물다.

노래를 즐기지 않는 이유를 물어보면 대답은 대충 두 가지다. 노래를 잘 하지 못해서, 그리고 노래할 만큼 흥이 나지 않아서라고 한다. 하지만 노래를 잘 부르는 사람만 노래를 즐기란 법이 있나? 기술적으로 노래를 잘 못 부르더라도 자기감정에 푹 빠져서 부르면 그 노래가 진짜 노래이고 마음을 담아 부른 노래는 기도가 된다.

흥이 나지 않아서 노래를 안 한다는 사람들일수록 노래를 불러야 한다. 흥이 나서 노래를 부르는 게 아니라 노래를 불러서 흥이 나는 거다. 그러니 오늘부터 매일 노래 한 곡씩 해보자. 좋아하는 곡을 크게 틀어놓고 따라 불러도 좋고 오랜만에 노래방에 가서 멋들어지게 한 곡 뽑아도 좋다. 남을 의식하지 않고 내가 좋아 즐기는 것, 그게 힐링이다.

소리 향기가 되어 그대에게

필자는 두 개의 앨범을 낸 가수로 노래를 잘 하고 싶어 하는 사람들을 가르치고 있다. 흔히 말하는 보컬 트레이너, 그게 필자의 직업이다.

필자는 보컬 트레이너보다 '보컬 디자이너'라고 불리길 원한다. 노래하는 법을 가르치면 보컬 트레이너지, 보컬 디자이너는 또 뭐냐고? 트레이너라는 단어는 '노래 부르는 기술을 중점에 두고 가르치는 사람'이라는 의미가 강하다. 필자는 기술을 가르치는 트레이너보다 노래로써 사람을 꾸미고 행복을 가꾸는 디자이너에 가깝다.

이 세상에 헤아릴 수 없는 사람이 존재하듯이, 헤아릴 수 없는 노래가 존재한다. 그런데 신기하게도 사람들은 저마다 분위기, 음색, 가치관에 따라서 어울리는 노래가 따로 있다. 노래만큼 한 사람의 개성을 잘 드러내는 것은 없다.

누군가가 노래를 부르고 있을 때, 필자는 그가 부르는 노래 한 곡에서 많은 것을 본다. 슬픔, 우울, 떨림, 순수, 에너지…….. 그렇게 꽁꽁 묻어두었던 소중한 감정과 그 감정을 억눌렀던 오랜 시간이 보인다.

오랫동안 사람과 사람이 노래를 통해서 이어지고 소통할 수 있다는 것을 알게 된 필자는, 언젠가부터 더 많은 사람들과 소통하고 싶다는 생각을 했다. 일대일의 관계도 소중하지만 일대 다수의 관계로 많은 사람들에게 노래의 힘을 전파할 수는 없을까? 필자는 우연히 강단에 섰다.

흥에 겨워서 부르는 노래와 딱딱한 강의라니, 참으로 어울리지 않는 조합이다. 게다가 보통의 지식을 전달하는 방식으로는 노래의 즐거움을 알릴 수가 없으니까 말이다.

'음악(音樂)은 결코 음학(音學)이 아니잖아. 음악은 자고로 즐겨야(樂) 제 맛이지!'

음악을 시작한 이래 좌우명처럼 가슴에 품었던 말을 떠올리며 더 많은 사람들이 노래를 즐길 수 있도록 하는 방법을 연구했다. 그 과정에서 또 한 번 노래에 위대한 저력이 있음을 느낄 수 있었다.

"노래 좀 부른다고 뭐가 크게 달라져요?"

"뭐야? 이번 강의 시간은 노래방이야?"

처음에는 냉소적으로 반응하던 사람들도 웃고 울며 노래에 흠뻑 빠지고 나면 세상을 보는 눈이 달라졌다.

무릇 소리는 공기를 타고 사방으로 뻗어나간다. 이런 점에서 소리와 향기는 서로 닮았다. 노래는 사람의 몸을 통해서 밖으로 나오기 때문에 노래를 부른 사람의 감정과 생각, 개성이 소리에 묻어난다. 사람의 몸에서 나온 소리가 향기처럼 퍼져 나가 다른 사람에게 가서 닿듯이 노래를 부른 사람의 소리향기가 다른 사람의 몸에 은은하게 밴다고 상상해보라. 세상에 이보다도 멋진 소통 방식이 또 있을까.

"소리향기, 이름 한번 잘 지었어. 그래서 그런가? 난 당신의 소리향기에 완전히 물들었잖아, 잔소리 향기에……."

남편은 잔소리가 듣기 싫을 때마다 죄 없는 소리향기를 걸고 넘어진다. 필자의 노래 철학을 대변하고 때로는 남편의 개그 소재가 되기도 하는 이름, 소리향기 여러모로 마음에 꼭 드는 이름이다.

광화문 연가 부르던 그녀

"선생님, 전 술이 들어가야 노래가 잘 돼요. 술 한 잔 걸치고 노래하면 선생님께 칭찬 좀 들을 텐데……. 그렇다고 여기서 술을 마실 수도 없고. 하하."

레슨이 거듭돼도 노래가 늘지 않아 민망했던지 중년의 남성 회원은 머리를 긁적이며 이렇게 말했다.

주변에는 술을 마셔야 노래가 잘 된다고 주장하는 사람이 의외로 많다. 아마 독자들 중에도 '노래는 맨 정신으로 하는 게 아니다.', '가무를 하는 자리에 어떻게 술 한 잔이 빠질 수 있느냐'는 사람들이 있을 것이다.

'술을 마시면 노래가 잘 된다'는 건 과연 맞는 말일까? 거두절미하고 필자는 이 가설을 신뢰하지 않는다. 노래라는 것은 기본적으로 순간적인 판단과 순발력을 필요로 하는데 술을 마시면 판단과 순발력이 무뎌질 수밖에 없다. 지금 박자가 맞는지 호흡이 잘 되고 있는지 재깍 알아차릴 수가 없다.

그럼에도 많은 사람들이 술을 마시면 노래가 잘 된다고 느끼는 이유는 뭘까? 일단 취해서 자신이 노래를 어떻게 부르는지도 모르기 때문일 수 있다. 또 술이 이성을 느슨하게 하고 억눌렸던 감정을 끌어내기 때문일 수도 있다. 필자 또한 술을 마시면 이유 없이 기분이 좋기도 하고 평상시에 잘 떠오르지도 않던 기억이 선명하게 떠오르기도 하고 멜랑콜리한 기분에 젖었던 경험이 있으니 말이다.

노래를 부르는 데 있어서 감정은 정말 중요하다. 흔히 배우가 감정 없이 대사만 읊어대는 것을 '발연기'라고 하듯이 감정 없이 부르는 노래는 '발노래'라 할 수 있다. 감정이 풍부하면 좋은 노래를 부를 수 있다. 누구나 한 번쯤 사랑하는 사람과 헤어지고 노래방에서 이별 노래를 불러본 적이 있을 것이다. 벅차오르는 감정으로, 사랑했던 순간과 이별할 때의 슬픔을 떠올리면 노래가 절로 된다.

마치 그 순간만큼은 이소라, 김광석, 거미로 빙의가 된 것 같다. 이별 노래를 원곡을 부른 가수보다 더 슬프고 절절하게 부를 수 있는 이유는 그게 그 당시 자신의 감정에 꼭 맞는 맞춤옷 같기 때문이다. 내가 노래이고 노래가 나인 경지, 노래와 내가 하나가 된다고 해야 할까?

주부님들과 함께 강연을 하던 중에 노래를 부르는 시간이 돌아왔다. 그때 고운 모습의 60대여성이 나와서 이문세의 히트곡인「광화문 연가」를 불렀다.

이제 모두 세월 따라 흔적도 없이 변해갔지만
덕수궁 돌담길엔 아직 남아 있어요
다정히 걸어가는 연인들
언젠가는 우리 모두 세월을 따라 떠나가지만

언덕 밑 정동길엔 아직 남아있어요

눈 덮인 조그만 교회당

향긋한 오월의 꽃향기가

가슴깊이 그리워지면

눈 내린 광화문 네거리 이곳에

이렇게 다시 찾아와요

　- 이문세, 광화문 연가

노래는 결코 잘 부른 게 아니었지만 필자를 포함해 그 자리에 있던 모든 사람이 귀를 기울이며 듣게 만들었다. 그녀의 목소리에「광화문 연가」에 담긴 그리움과 슬픔의 감정이 짙게 녹아났기 때문이다. 대번에 이 노래가 사연이 있는 노래임을 알 수 있었다. 어떤 기억이 이렇게 진한 그리움을 불러일으켰는지 궁금해서 견딜 수 없었다.

"실례지만 혹시 이 노래에 얽힌 사연이 있나요?"

그녀는 미소를 지으며 대답했다.

"벌써 사십 년도 더 됐죠. 제가 이화여고 출신이에요."

이화여고는 노래 가사에 등장하는 정동길에 위치한 학교이고 지금도 그 자리에 그대로 있다.

"삼 년 동안 매일 같이 그곳을 지나다녔어요. 그래서 제가 이 노래를 좋아하죠. 그 시절 친구들도 생각나고 그 길에서 만들었던 추억도 생각나거든요."

이야기를 하면서 다시 한 번 추억에 잠겼는지 그녀는 아련한 표정을 지었다. 「광화문 연가」의 가사는 사연이 없는 사람에게도 아름답게 들린다. 하지만 정동길에 얽힌 추억을 간직한 사람들에게는 더욱 특별할 것이다. 그 길에 있던 자그마한 교회, 정동길을 걸어 나오면 만나는 광화문 네거리……. 확실히 정동길에는 다른 곳에서 느낄 수 없는 특별한 운치가 있다. 그래서 아직도 정동길이 많은 사람들에게 회자되고 인기가 많고 「광화문 연가」가 명곡이 된 것 아닐까.

어떤 노래를 불러도 감정이 살지 않는다면 노래의 가사에 관심을 가져보길 바란다. 자신이 자주 다니던 곳, 특별한 추억이 있는 곳이 가사에 나오는지 찾아보자. 혹은 딱 내 노래다 싶을 정도로 내 심정에 꼭 들어맞는 곡이 있으면 그 곡을 불러보자. 집에서나 혼자 있을 때 가볍게 흥얼흥얼하면서 가사를 곱씹어 보는 거다. 노래를 흥얼거리다가 예전에 느꼈던 특별한 감정이 되살아나는 순간, 감정 없는 발노래하고는 영원한 굿바이다.

매사에 건성건성, 소통치들

몇 해 전에 고등학생 아이 하나가 소리향기를 찾아온 적이 있다. 지도를 부탁한 사람은 아이의 엄마였다.

"애가 외국 생활을 오래해서 그런지 친구들과 어울리지 못하는 것 같아요. 한국 노래를 배우면 도움이 될까 하는데 잘 좀 부탁드려요."

아이는 일주일에 한 번 만남을 가졌다. 그 애와 단둘이 보낸 첫 시간은 아직도 잊을 수가 없다. 인사는커녕 필자를 빤히 바라보기만 하더니 아이는 대뜸 물었다.

"선생님, 선생님 노래 잘 해요?"

한국 사회 기준에서 보면 아이는 어른을 상대로 상당히 버릇없는 말을 한 셈이다. 게다가 삐딱하게 앉아서 도전적인 말투로 그렇게 물었으니 어른이라면 일단 화부터 내고 눈물이 쏙 빠지도록 야단을 치고 싶을 것이다. 하지만 필자는 그 아이의 그런 반응이 싫지 않았다. 아이의 태도에는 꾸밈이 없었다. 삐딱하게 바라보고 버릇없는 말을 할지언정 아이에게는 '있는 그대로, 생각하는 그대로'가 있었다. 이런 사람과는 소통할 여지가 충분하다.

필자는 그 애의 생각과 하고 싶은 말을 있는 그대로 받아주었다. 그리고 아이에 대한 생각을 꾸미지 않고 그대로 전달했다. 그 와중에 노래를 함께 부르며 친해지니 아이의 태도는 조금씩 달라졌다. 이후로 녀석은 마음을 열었다.

"선생님, 저 소녀시대 노래 좋아하는데 가르쳐 주세요!"

"지난 시간엔 짱 재미있어요. 샘, 근데 오늘은 좀 지루해요."

그 뒤로 학생의 감정 표현은 거칠 것이 없었다. 있는 그대로 솔직하게 말했고 필자는 그 애의 말을 경청하고 대화가 통한다는 생각이 들었다. 우리는 나이와 상관없이 친구가 되어 십대 아이들이 좋아하는 유행가를 같이 불렀다.

소통치와의 만남에서는 이런 식의 극적인 변화를 기대하기 힘들다.

"네, 무슨 말씀인지 알겠습니다."

"그럼요. 저도 그렇게 생각해요."

소통치들은 대개 자기감정을 건성으로 표현한다. 진심으로 좋아서 감싸 안지 않고 싫어서 밀어내지도 않는다. 본심은 숨기고 상대방이 불쾌해 하지 않을 정도의 모호한 말을 골라서 하며 소통하고 있는 척 연기를 한다.

건성으로 대화를 하면 처음 한두 번은 모르지만 금방 들통이 난다. 노래에는 아무런 발전이 없고 호흡은 엉망이다. 애초에 진심으로 소통하려는 마음이 없었던 것이 노래로 고스란히 드러나는 것이다.

소통을 잘 하기 위해서는 일단 상대방의 말을 경청해야 한다. '말하는 것이 지식의 영역이라면 경청하는 것은 지혜의 영역'이라고 했다. 상대방의 말을 귀 기울여 들으면 그 말 속에 정답이 있고 길이 있다.

상대방의 말을 경청하고 이해했다면 소통 이후의 '노력'에 대해서노 생각해봐야 한다. 만약 당신이 타인의 말에 고개를 끄덕이고 공감했다면 당신은 어떤 식으로든 그 사람에게 피드백을 보내야 한다. 피드백이 그의 마음에 들지, 완벽할지는 나중에 생각하자. 일단은 진심 어린 피드백을 보내는 게 우선이다.

분명 동의를 표하고 진심어린 대화를 나누었다고 생각했는데 어떤 피드백도 없고 발전도 없다면 그것은 진정한 소통이 아니라고 봐야 한다. 피드백을 보낼 마음이 없다면, 혹은 의무감이 느껴져 부담스럽다면 섣불리 소통하려는 제스처를 취해서는 안 된다.

'거참, 소통 한 번 하기 되게 어렵네!'

혹자는 이런 생각이 들 수도 있겠다. 맞는 말이다. 진심어린 소통은 어렵다. 소통을 만만하게 봐서는 안 된다. 남의 말에 건성으로 공감을 표하고 어떻게 하면 처세를 잘 할까 궁리하는 데에 그쳤다면 이제부터라도 다른 사람과의 진심어린 소통을 시도해보자. 처음에는 어려울지라도 나중에는 알게 될 것이다, 진심어린 소통은 사람과 사람 사이를, 우리의 인생을 풍요롭게 한다는 것을.

감정은 억누르면 용수철처럼 튀어 오르고

"정말 그렇게, 항상 행복하세요?"

"한 번도 화나거나 슬펐던 적은 없어요?"

이런 질문을 받으면 필자는 살짝 당황스럽다. 아주 작은 것에도 행복을 느끼고 남들보다 자주 행복을 표현하는 것은 맞다. 하지만 그렇다고 '손미혜는 행복 외에 다른 감정은 못 느낀다'고 생각하면 곤란하다.

노래를 하면서 분명하게 깨달은 사실이 하나 있는데 그것은 바로 '인간이 느끼는 모든 감정은 소중하다'는 것이다.

흔히 이성적이고 논리적인 사람이 감정적인 사람보다 우위에 있다고 생각하는데 내 생각은 다르다. 이성과 논리만큼 감정 역시 소중하다. 감정은 우리가 어떤 현상을 두뇌로 이해하기에 앞서서 찾아오는 신호 같은 것이고 우리의 본능과 연결되어 있기 때문이다.

긍정적인 감정과 부정적인 감정, 양쪽 모두를 느끼지 못하는 사람은 정상이 아니다. 언제나 화가 나있고 짜증만 내는 사람은 마음이 병든 사람이듯이 365일 행복하기만 하고 즐거움에 들떠 있는 사람도 어딘가 잘못된 것이라고 봐야한다. 항상 행복하기만 하냐는 질문에 이렇게 대답한다.

"만약 그랬다면 전 머리에 꽃을 꽂고 있겠죠."

필자도 사람인지라 슬픔과 괴로움, 분노, 스트레스를 모두 느낀다. 뿐만 아니라 행복과 기쁨, 만족감만큼이나 슬픔과 분노, 상실감도 소중하게 생각한다.

20대 때 라이브 카페에서 노래를 하면 종종 슬픈 분위기의 재즈곡을 즐겨 불렀다. 여러 재즈곡 중에서도 내가 가장 좋아했던 곡은 '미소 속의 그림자'(The Shadow of your smile)다.

The shadow of your smile when you are gone

Will color all my dreams and light the dawn

Look into my eyes, my love, and see

All the lovely things you are to me

당신 미소 속의 그림자는,

당신이 떠난 뒤 나의 꿈을 채색해 줄 거예요.

나의 눈동자를 보세요. 연인이여, 그리고 알아주세요.

당신은 내게 있어서 모든 것이라는 사실을.

Our wistful little star was far too high

A teardrop kissed your lips andd so did I

Now when I remember spring

All the joy that love can bring

I will be remembering

The Shadow of your smile

높은 하늘의 쓸쓸해 보이는 작은 별.

나의 눈물로 젖은 당신의 입술.

지금 내가 사랑의 기쁨의 봄을 회상할 때,

당신의 미소 속의 그림자를 생각하겠지요.

　-Tony Bennett 「The Shadow of your smile」

이 노래를 부를 때마다 마음속에 있는 알 수 없는 슬픔이 일렁이는 것을 느낀다. 그 슬픔이 노래와 함께 터져 나오면 그 순간, 엄청난 카타르시스가 느껴진다.

필자는 슬픈 일이 있으면 노래로 부르며 슬픔을 털어버리곤 한다.

늘 행복해 보이고 밝게 웃는 것처럼 보이는 이유는 아마 슬픔을 오래 곱씹지 않기 때문일 것이다.

온몸으로 슬픔을 느끼되 그것을 오래 곱씹지 않는 것. 그게 내가 슬픔을 이겨내는 방법이다.

구체적으로 이야기하자면 앞서 말했던 노래도 있고 이른바 '발광' 도 있다. 여기서 말하는 발광은 필자가 이름을 붙인, '슬픔ㆍ분노 해소법'이다. 참을 수 없이 화가 나고 슬플 때 필자는 우선 발광을 하기에 앞서 다른 사람들을 모두 피신시킨 후에 혼자 남아 조용한 분위기를 만든다.

차 안은 슬픔과 분노를 해소하기에 아주 좋은 장소다. 아무도 없는 곳에서 혼자, 젖 먹던 힘까지 쥐어짜서 온몸으로 슬픔과 분노를 표현하자. 울고 바닥을 데굴데굴 구르고 10초 간 크게 소리를 지르고 별의 별 짓을 다 해보자. 최선을 다해서 그 순간의 감정을 발산하는 거다.

고인 물은 썩는다. 감정도 고이게 두지 말고 숨으로, 눈물로 흐르게 해야 한다. 슬플 때는 지금의 슬픔을 극대화할 수 있도록 최고로 슬픈 노래를 듣자. 멜라니 사프카 (Melanie Safka)가 부른 「The saddest thing」은 얼마나 슬픈가. 듣고 있으면 눈물이 왈칵 쏟아진다.

한 가지 주의할 것은 슬픔의 시간이 너무 길어져서는 안 된다는 점이다. 한바탕 푸닥거리를 하고 나면 어느 순간 막혀 있던 속이 하빙에 뚫리고 시원해진다. 기운을 다 써버렸기 때문에 배가 고프고 눈물도 서서히 멎는다. 너무 오랜 시간 슬픔에 취해 있으면 안 된다. 슬픔이 끝나는 순간을 놓치지 말고 말끔히 털고 일어나자.

폭풍우 같은 슬픔이 지나가고 나면, 배고픔을 달래기 위해서 주방으로 간다. 커다란 양품에 밥을 한 가득 푸고 온갖 반찬과 매운 고추장을 뒤섞어 비빔밥을 만든다. 한 숟갈 크게 떠서 입안에 넣고 우물우물 씹고 있으면 문득 이런 생각이 든다.

'슬프고 화난다고 기운 빼지 말자, 이제 나는 괜찮다! 아자, 아자!'

소리향기를 찾아온 분들도 상당수가 노래를 부르다가 눈물을 흘린다. 어떤 분들은 부끄러워하고 쑥스러워하는데 필자는 눈물이 흐르면 흐르는 대로 두라고 한다. 그리고 노래가 끝난 다음에 한바탕 크게 울라고 한다. 그게 바로 이 시대를 살아가는 우리에게 필요한, 가장 건전한 형태의 힐링이다.

감정은 용수철과 같다. 억누르고 억누르면 그 순간은 움츠려들 수 있지만 당신이 방심한 사이 엄청난 탄성과 함께 솟구쳐 오를 것이다. 그때는 정말 돌이킬 수 없는 일이 생길 수도 있으니 괴롭고 화가 날 때는 그때그때 털어내자.

행복은 오래 음미해도 좋다. 하지만 슬픔은 빨리 털어내고 잊어야 한다. 이 단순한 원칙 하나만 기억해도 우리는 훨씬 더 행복해질 수 있다.

'나'라는 악기를 조율하다 보면

노래에 자신 없어 하는 사람은 노래를 시작하기도 전에 표가 난다. 초보는 마이크를 두 손으로 꽉 쥐고, 목에 힘을 잔뜩 주고 온몸이 딱딱하게 경직된 채로 모니터를 응시한다. 심지어 자막을 보는 눈에도 힘이 들어간다. 그 상태로 '4, 3, 2, 1' 색이 변하는 자막을 보며 첫 소절을 놓치지 않기 위해서 필사적으로 노력한다. 틀리지 않으려고, 잘 하려고 애를 쓰면 몸에 힘이 들어가기 마련이다.

1에 첫 소절을 시작하지 못해도 괜찮다. 숫자가 1이 되는 동시에 첫 소절을 시작한다는 생각부터 틀렸기 때문에 그 표적을 잘 맞춘다 해도 결과는 어차피 틀린 것이다. 당신이 맞추어야할 것은 모니터 화면의 색깔이 아니다.

바로 당신 앞에서 당신을 바라보는 사람들이다. 생각의 초점이 내가 아닌 다른 이에게 가 있을 때 당신은 비로소 몸의 힘을 풀 수 있다.

'틀리지 않기'가 아니라 '힘 빼기'가 당신이 해내야 할 첫 번째 과제다.

자전거를 처음 배울 때를 생각해보자. 넘어질까 겁이 나서 온몸에 힘이 들어가고 핸들을 잡은 손은 부들부들 떨린다. 자전거를 타고 바로 서려면 균형이 잡혀야 하는데 그 상태에서는 균형을 잡을 수 없다.

처음 수영을 할 때도 마찬가지다. 힘을 줘야 물에 빠지지 않을 거 같고 문에 빼디디다노 내처할 수 있을 것 같지만 이는 생각을 몸 안에 가둠으로써 비롯되는 착각이다. 내 몸이 아니라 몸을 감싸고 있는 물에 초점을 맞춰야 한다. 그래야 몸에 힘이 빠지고 물 위에 뜰 수 있다.

사람은 누구나 몸에서 힘을 빼야 최고의 능력을 발휘할 수 있다. 김연아가 멋지게 점프해서 공중에서 턴을 하는 순간을 주시해 보

자. 한눈에 봐도 아주 우아하게 유연하게 힘을 뺀 상태임을 알 수 있다. 이 순간 몸에 힘이 바짝 들어가서 뻣뻣하게 굳어 있다고 상상하면? 그런 우아한 턴이 가능할 수 없고 만에 하나 가능하더라도 그토록 아름답게 보일 수 없다.

노래도 마찬가지다. 감미로운 보이스로 여심을 사로잡은 가수 정엽. 그는 일명 '맷돌창법'이라고 마치 원을 그리듯 마이크를 돌리며 노래하는 걸로 유명하다. 다른 가수들에게는 볼 수 없는 정엽의 독특한 제스처는 온몸에 힘을 빼고 리듬을 타면서 만들어진 동작이다. 그가 만약 정말 맷돌을 돌리듯이 팔에 힘을 준다면 그토록 자연스럽게 마이크를 돌릴 수가 없다.

우리는 노래를 부르기에 앞서 '나라는 악기'를 조율해야 한다. 조율이라는 것은 어려운 게 아니다. 힘을 빼는 게 조율이다. 앞에서 말했듯이 경직된 어깨와 목, 뻣뻣한 팔에 힘을 빼자. 온몸에 힘을 뺀다고 생각하고 릴렉스해야 한다.

두 번째로 필요한 것은 마인드의 조율이다. 몸에 힘을 빼는 것처럼 기합이 들어간 마인드도 부드럽게 풀어주자. '노래를 못 부르면 어쩌지' 하는 걱정이나 다른 사람들보다 노래를 잘 부르고야 말겠다는 전투적인 마음가짐은 마인드를 뻣뻣하게 만든다. 내 실력의 75%만 내고 듣는 이와 즐기겠다는 생각으로 릴렉스해 보자. 지금까지 불렀던 그 어떤 노래보다 감동적인 노래를 부를 수 있다.

몸과 마인드에 힘을 빼는 습관을 들이면 노래를 잘 할 수 있을 뿐만 아니라 그 자체로 힐링 효과를 볼 수 있다. 스트레스가 많고 늘 피곤한 요즘 사람들은 너도 나도 힐링이 될 수 있는 뭔가를 찾는다. 헬스클럽에서 운동을 하기도 하고 찜질방에서 사우나를 하기도 하고 노래방에서 노래를 부르기도 한다.

그런데 하나를 해도 열심히 해야만 직성이 풀리는 한국인의 기질 때문인가? 많은 사람들이 힐링하고 싶어서 시작한 일들을 즐기지 못하고 그저 열심히 한다. 운동도 이를 악물고 하고 취미도 악착같이 배워서 남보다 잘 하려고 하고 노래도 목이 터져라 기를 쓰고 부른다. 취미를 돈 들인 게 아까워서, 남들보다 잘 하고 싶어서, 할 줄 아는 티를 내고 싶어서 열심히 하면 그것 역시 피곤한 일상이 된다. 힐링은커녕 스트레스만 한 가득 안겨줄 뿐이다.

그러니 '힐링=힘 빼기'를 기억해두자.

우리는 너무 오랫동안 즐기는 재미를 잃어버린 채로 살았다. 이제부터라도 노래를 즐기고 운동을 즐기고 춤을 즐기자. 잘 하려는 노력도 필요 없다.

단지 몸과 마음에 힘을 빼고 순수하게 즐기기만 하면 된다.

숨 한번 깊게 쉬어 보세요

누구나 숨을 쉰다. 숨을 쉬는 법을 배운 적도 없고 숨을 쉬려고 애쓴 적도 없지만 우리는 자연스럽게 숨을 쉰다. 호흡에 관해서 세계적인 전문가로 꼽히는 게이 헨드릭스(Gay Hendricks) 박사는 「의식적인 호흡」에서 말했다.

"매우 고통스러운 감정을 느낄 때, 사람들이 나타내는 첫 번째 반응은 호흡을 멈추는 일이다. 호흡을 멈추는 행위는 신경계의 방어기제가 반사적으로 일으키는 투쟁, 혹은 도피 반응이다. 아드레날린이 넘쳐흐르면 곧바로 혈액순환을 지배하는 교감신경계가 작동해 심장이 빨리 뛰고 호흡이 빨라진다."

얕은 호흡은 스트레스를 유발하고 극대화한다는 것이다. 실제로 일본의 우울증 전문의 했던 유명한 말이 있다.

"우울증에 걸릴 수 있는 가장 좋은 방법이 뭔지 아십니까? 하루에 30번씩 3개월간 꾸준하게 한숨을 쉬어보세요. 제 아무리 행복하던 사람도, 아무리 밝고 유쾌하던 사람도 대번에 우울증에 걸리게 됩니다."

우울한 기분과 멀어지기 위해서는 숨을 잘 쉬어야 한다는 뜻으로 해석할 수 있다. 툭하면 한숨을 쉬는 게 버릇이 된 사람들이 있다. 그런 사람들은 대개 얼굴이 어둡고 의욕이 없어 보인다. 숨쉬기와 기분이 연결되어 있기 때문이다.

사람의 몸에는 단전(丹田)이라는 부위가 있다. 한의학 용어인 단전은 배꼽에서 5센티미터 가량 아래쪽에 내려와 3센티미터 가량 안쪽에 위치한 부위이다.

세상에서 엄마 뱃속에 태아가 가장 편안한 상태로 숨을 쉰다. 태아의 호흡은 폐호흡이 아니라 아랫배 호흡이다. 그 다음이 갓난아기들이다. 이들을 자세히 관찰해보면 아랫배를 내밀며 숨을 쉰다. 숨이 들어올 때는 아랫배가 풍선처럼 부풀어 오르고, 내쉴 때는 바람이 빠지듯이 가라앉는다.

숨을 깊이 쉬는 방법을 터득하면 갓난아이처럼 호흡을 안정되게 유지할 수 있다. 숨쉬기만 제대로 해도 정신과 육체가 건강해지고 활력이 생긴다. 처음 숨쉬기 수련하는 경우에는 가슴이나 윗배가 아닌 아랫배까지 깊숙이 호흡이 내려온다는 믿음을 가지고 호흡을 깊게 해야 한다. 단전에 집중해서 숨을 들이쉬고 내쉬어 보자. 아랫배가 볼록하게 부풀었다가 가라앉는 게 보이는가? 이렇게 단전으로 숨을 쉬어보면 호흡이 한결 안정되는 것을 느낄 수 있다.

아랫배 깊숙이 호흡이 이루어진다는 것은 호흡이 깊어진다는 뜻이다. 이것은 우리 몸의 횡격막이 활발하게 움직인다는 뜻이기도 하다. 횡격막의 활발하게 움직이면 폐의 움직임도 활발해진다. 그러면 그냥 얕은 숨을 쉴 때보다 깊은 호흡, 즉 심호흡이 이루어진다.

심호흡이 우리 몸 구석구석에 산소를 많이 공급해서 피를 맑게 하고 횡격막의 자극으로 교감신경과 부교감신경이 조화를 이룬다. 이는 곧 자율신경이 안정되며 뒤죽박죽이던 호르몬 체계를 바로잡는 것이기도 하다. 별다른 이유 없이 몸이 아프고 컨디션이 좋지 않은 사람이 많다. 이런 사람들은 단전호흡만으로도 치유의 효과를 볼 수 있다.

숨은 어디까지나 자연스럽고 평안해야 한다. 깊은 숨을 통해서 모든 것으로부터 벗어나 무념의 상태가 되어야 한다. 숨은 자연스럽게 일어나는 행위이지 인위적으로 조절하는 것이 아니다. 힘으로 밀고 당기는 것도 아니고 기계적으로 반복하는 행위가 되어서도 안 된다. 숨은 그 자체로 편히 쉬는 행위가 되어야 한다.

필자는 단전으로 숨을 쉰 이후부터 확실히 심신이 평안해지는 것을 느낄 수 있었다. 호흡법을 훈련하면서 심신수양까지 할 수 있으니 표정도 온화해지고 심성도 느긋해졌다. 무엇보다 내 몸에 대해서 생각하는 시간이 많아져서 예전보다 몸이 변화를 훨씬 잘 느낄수 있고 컨디션도 좋아졌다.

그래서 필자는 성대로 노래하지 말고 단전으로 노래하라고 주장한다. 단전호흡은 최고의 호흡법이고 노래의 기초다. 생활에 활력을 얻고 노래까지 잘 하고 싶은가?

숨쉬는 법을 바꿔보자.

천천히, 깊게, 온몸에 힘을 빼고!

움직여, 우뇌!

노래 잘하는 사람을 보면 '목청을 타고 났다'고 한다. 하지만 이 말에는 노래는 목으로 부르는 것이라는 전제가 깔려 있다. 정말 그럴까? 물론 목소리를 만드는 기관은 성대다. 하지만 그렇다고 해서 노래를 목으로 부르는 것이라고 볼 수는 없다. 목은 소리가 나오는 통로이다. 따라서 노래는 머리로 더 정확히 말해, 두뇌로 부르는 것이라고 봐야 한다.

사람의 우뇌는 감성, 직관과 관련이 깊다. 우뇌가 발달된 사람은 감각이 발달되고 재치가 있다. 말귀를 빨리 알아들어 이해력도 뛰어나다. 반대로 좌뇌는 이성을 관장한다. 논리에 강하고 수학을 잘 하는 사람은 좌뇌가 발달된 사람이다.

노래를 할 때는 우뇌와 좌뇌 중, 어느 쪽 뇌가 더 많이 쓰일까. 노래를 잘 하려면 박자를 놓치지 않아야 한다. 여기에 음정을 맞추어야 하고 가사를 기억해야 하므로 좌뇌를 많이 써야 할 것 같다. 맞는 말이다. 실제로 우리는 노래를 하는 와중에 다음 가사가 무엇인지, 음정이 맞는지를 끊임없이 생각한다.

하지만 진정으로 노래를 잘 하려면 좌뇌가 아닌 우뇌를 먼저 써야 한다. 가수들은 노래 중에 우뇌를 써서 가사에 꼭 맞는 이미지를 만든다.

물위에 떠있는
황혼의 종이배
말없이 바라보는 해변의 여인아
바람에 휘날리는 머리카락 사이로
황혼빛에 물 들은 여인의 눈동자
조용히 들려오는 조개들의 옛 이야기
말없이 꺼니는 해변의 여인아

　-나훈아 「해변의 여인」

오늘 무대에 올라 「해변의 여인」을 불러야 한다고 가정해보자. 가사를 보면 알겠지만 이 노래는 아름다운 해변을 배경으로 그림

같이 서 있는 아름다운 여인을 묘사하고 있다. 시적인 가사를 어떻게 하면 더 생동감 있게 그 맛을 살릴 수 있을까?

우선 머릿속으로 해변부터 떠올려야 한다. 경포대도 좋고 해운대도 좋고 하와이의 어느 해변도 좋다. 그동안 가보았던 가장 아름답고 인상적이었던 바다를 떠올려야 한다. 그곳에서 잊지 못할 추억을 만들었다면 그 추억도 함께 떠올려보라. 지금은 소식을 모르는 옛사랑의 모습도 좋고 이제는 매일 투닥투닥거리지만 한 때는 마음을 두근거리게 했던 처녀적 아내를 떠올려도 좋다.

이렇게 노래와 어울리는 영상을 만드는 곳이 바로 우뇌다. 우뇌를 좌뇌만큼 움직여 줘야 노래를 잘 할 수 있다.

"좌뇌 움직이기도 바쁜데 우뇌까지 움직여요?"

"말이 쉽지 그게 잘 됩니까?"

불평불만의 소리가 여기까지 들리는 것 같다. 필자도 인정한다. 박자와 음정, 가사를 틀리지 않으면서 노래의 어울리는 이미지를 만드는 것이 쉽지 않다. 하지만 이 두 가지가 처음부터 잘 되는 사람은 없다. 그건 아마 프로 가수들도 마찬가지일 것이다.

그러므로 노래를 정말 잘 부르고 싶다면 어떤 노래를 부르기 전에 준비가 필요하다. 오늘 부를 노래를 선곡했다면, 우선은 음정, 박자에 신경 쓰며 노래를 부른다. 충분히 연습이 됐다면 이제 노래에 어울리는 이미지를 만들자.

쉽게 말해 처음에는 좌뇌 중심으로 노래를 연습하고 익숙해지면 우뇌 중심으로 연습을 해보는 것이다. 모두 익숙해지면 마무리로 두 가지를 한꺼번에 접목해서 연습해보자.

　이제 어느 순간 당신은 현실에서 자유로워질 것이다. 수많은 관객이 당신을 바라보고 카메라가 돌아가는 순간에도 당신은 떨지 않는다. 당신은 현실이 아니라 우뇌가 만든 상상 속에서 노래를 하기 때문이다. 관객들 역시 노래와 관련된 각자의 추억을 떠올릴 것이다. 영상을 떠올리며 노래를 불러보면 노래를 부르는 스타일이 많이 달라지는 것을 알 수 있을 것이다. 우선 표정부터 달라진다.

　몰입해서 열창하는 가수의 표정을 본 적이 있는가? 한 번도 본적이 없다면 지금 당장 텔레비전 음악방송을 켜놓고 관찰해보라. 전주가 시작되면 가수들은 눈을 지그시 감고 온몸으로 리듬을 탄다. 템포가 느린 음악에는 느리게, 빠른 음악에는 빠르게 움직인다. 때로는 독특한 손짓과 발짓을 하기도 한다. 본격적으로 노래가 시작되고 가수는 열창한다. 이럴 때 가수의 표정은 부담스러울 정도로 풍부하다. 입을 앞으로 쭉 빼기도 하고 입을 찢어져라 크게 벌리기도 한다. 노래 속의 희로애락을 표정으로 표현한다.

　전문가들은 노래할 때도 연기력이 필요하다고 한다. 인기 가수이자 프로듀서인 박진영 역시 노래를 잘 하려면 연기를 잘 해야 한다고 말했다.

　"엄정화 씨는 대한민국에서 노래 제일 잘하는 가수는 아닌데 대한민국에서 연기를 제일 잘 하는 가수예요. 그만큼 감정 전달에 뛰어나서 엄정화 씨가 노래하는 걸 보면 저는 그 감정을 정통으로 맞는 기분이에요."

　연기력이 뛰어난 가수가 엄정화라면 노래라는 표정이 아름다운 가수는 윤복희다. 다소 과장되어 보이기도 하는 그녀의 표정 연기는 때로는 코미디의 소재로 쓰이기도 한다. 하지만 필자는 그녀의 표정 덕분에 노래의 맛이 한층 더 살아난다고 생각한다. 그녀의 표정이 노래보다 더 많은 것을 말해줄 때가 많다.

　윤복희가 불후의 명곡 「여러분」을 부를 때를 생각해보자. 특히 고음이 몰아치는 후반부, '나는 너의 영원한 형제다'를 부르는 윤복희의 얼굴! 요즘 유행하는 말로 진정성이라고 해야 하나? 그건 열창하는 순간에도 그녀의 우뇌가 쉬지 않고 움직이기 때문이다.

　어느 기관의 조사에 따르면 우리나라 사람들의 80%는 좌뇌보다 우뇌가 더 발달된 '우뇌형인간'이라고 한다. 우뇌형 인간의 강점은 상상력이 뛰어나다는 점이다. 한국 사람들이 노래를 하면서 감정 전달을 잘 하는 것도 좌뇌보다 우뇌가 발달됐기 때문인 것 같다.

　오늘 잠자고 있는 우뇌를 깨워 노래 한 곡 불러보자. 오래 전에 내가 좋아했던 노래, 지금은 잘 부르지 않는 노래도 좋고 나만의 사연이 담긴 노래도 좋다. 매일 좌뇌를 괴롭혀가며 계산기만 두드리고 오늘 안으로 해야 할 일만 생각하기에는 인생은 길다. 이제부터 우뇌를 움직이자.

음악으로 배우는 대화의 기술

노래 못하는 사람을 일컬어서 '음치'라고 부른다.

"제가 진짜 심한 음치거든요."

"죄송한데 음치라서 노래를 잘 못해요."

이 음치라는 말은 그러니까 '음정을 잘 못 잡는 사람', '음정이 가늠이 안 되는 사람'이라는 뜻이다. 그런데 소위 음치라고 불리는 사람 가운데 음정 때문에 노래를 잘 못하는 사람은 정말 드물다. 열에 한 사람 정도 될까?

음치들이 노래를 잘 못 부르게 된 진짜 이유는 뭘까? 여러 사람들과 노래 잘 하는 방법을 연구하며 관찰한 결과에 따르면 노래를 못 하는 사람들은 대개 박자 감각이 부족하다. 즉 음치가 아니라 '박치'라서 노래를 잘 못하는 것이다. 이런 사람들은 반주를 아예 못 듣는 경우가 많다.

'내가 이 노래를 잘 부를 수 있을까?'

'창피하게 틀리면 안 되는데…….'

이렇게 듣는 사람 눈치를 보고 심하게 긴장을 하니 반주가 어떻게 흘러가는지 지금 노래를 할 때인지 쉴 때인지 구분을 못한다. 결국 첫 박을 놓치고, 도입부를 망치고 도미노가 무너지듯이 노래 한 곡이 우르르 무너져 전체를 망치는 것이다.

노래를 잘 부르기 위해서는 우선 박자를 셀 줄 알아야 한다. 박자를 듣는 연습부터 해야 한다. 박자 감각이 없는 사람이 무작정 노래를 따라 부른다고 노래가 될까.

비벌리 힐즈에서 활동하는 유명한 상담가에게 상담을 잘 하는 비결을 물었다. 그는 '피상담자의 말을 잘 듣는 것'이라고 대답했다. 조언을 원하는 사람의 말 속에는 말하는 사람의 심리와 말 사이에 숨어 있는 의미가 있다고 한다. 남의 말을 귀 기울여 잘 들으면 상대방에게 꼭 필요한 최고의 조언을 할 수 있는 것이다.

노래 속에도 우리가 모르는 박자와 흐름이 숨어 있다. 같은 노래를 반복해서 들으면 숨어 있는 요소들을 찾아낼 수 있고 노래를 어떻게 시작하고 끝낼지 감이 생긴다.

우리나라 가수들 중에서 가장 자연스럽게, 물 흐르듯이 도입부에 들어가는 가수는 '나훈아'다. 그는 정말 절묘하게 첫 박을 잡는다. 예를 들어 나훈아의 히트곡「사랑」을 부른다고 하자.

이 세상에 하나밖에 둘도 없는 내 여인아
보고 또 보고 또 쳐다봐도 싫지 않은 내 사랑아
비 내리는 여름날엔 내 가슴은 우산이 되고
눈 내리는 겨울날엔 내 가슴은 불이 되리라
온 세상을 다 준대도 바꿀 수 없는 내 여인아
잠시라도 떨어져선 못 살 것 같은 내 사랑아
행여 당신 외로울 땐 내가 당신 친구가 되고
행여 당신 우울할 땐 내가 당신 웃음주리라
이 세상에 하나밖에 둘도 없는 내 여인아
보고 또 보고 또 쳐다봐도 싫지 않은 내 사랑아

대부분의 사람들은 이 노래의 시작이 '이 세상에', 이 소절이라고 생각한다. 그런데 나훈아는 '이 세상에'를 하기 전에 청중에게 들리지 않는, 자기만의 노래를 부르고 있다. 그는 짤막한 전주가 흐르는 동안 준비, 상상, 소리내기 이 세 가지를 한꺼번에 하는 셈이니 대단하지 않은가? 그가 불세출의 가수이자 최고의 스타인 이유다.

전주를 듣는 것 말고 더 구체적인 방법을 알려달라는 성화가 여기까지 들리는 것 같다. 필자는 박자 때문에 노래가 늘지 않는 사람들에게 박자를 익힐 수 있도록 짝짝 박자법을 알려주곤 한다. 짝짝 박자법은 한 음절마다 끝에 짝짝을 붙여서 리듬감을 익히는 방법이다. 서유석의 '가는 세월'을 부른다고 하면 짝짝을 이렇게 붙인다.

가는 세월 **짝짝** 그 누구가 **짝짝** 잡을 수가 **짝짝** 있나요 **짝짝**
흘러가는 **짝짝** 시냇물을 **짝짝** 막을 수가 **짝짝** 있나요 **짝짝**
아가들이 **짝짝** 자라나서 **짝짝** 어른이 **짝짝** 되듯이 **짝짝**
슬픔과 **짝짝** 행복 속에 **짝짝** 우리도 **짝짝** 변했구료 **짝짝**
하지만 **짝짝** 이것만은 **짝짝** 변할 수 **짝짝** 없어요 **짝짝**
새들이 **짝짝** 저 하늘을 **짝짝** 날아서 **짝짝** 가듯이 **짝짝**
날이 가고 **짝짝** 해가 가고 **짝짝** 산천초목 **짝짝** 다 바뀌어도 **짝짝**
이내 몸이 **짝짝** 흙이 되도 **짝짝** 내 마음은 **짝짝** 영원하리 **짝짝**

박자를 잘 모를 때는 소절 끝에 짝짝을 붙여보자. 이 짝짝을 소리내서 읽으며 노래해야 한다. 짝짝 하면서 박수를 쳐도 좋고 발을 굴러도 좋다. 리듬감을 타고 난 사람이라면 이렇게 해서 배울 필요가 없지만 유독 박자를 잘 못 따라가서 헤매는 사람들이 있다. 이럴 때는 부끄러워하거나 낙담하지 말고 연습을 하면 된다. 짝짝만 잘 따라 해도 음치에서, 아니 박치에서 탈출할 수 있다.

대화의 기술에 '1 2 3 원칙'이 있다. 1분은 말하고 2분은 듣고, 3분은 맞장구를 쳐주는 것이 바로 '1 2 3 원칙'이다. 노래를 부를 때는 거꾸로 '3 2 1 원칙'을 기억했다가 활용해보길 바란다. 3분 동안 맞장구를 치듯이 반주를 들으며 기분을 살리고, 2분은 내 소리를 끊고 반주를 듣고, 마지막 1분은 소리를 낸다고 생각하라.

선천적으로 박자 감각이 없는 사람이 박자감을 익히려면 많은 시간과 노력이 필요하다. 하지만 위에 소개한 방법을 따라가면 그만큼 시간과 노력을 줄일 수 있다.

자신의 '감'대로, 자신감을 채워라

마카오의 어느 유명한 클럽에 가보면 다양한 나라에서 온 동양인들과 서양인, 흑인까지 온갖 인종이 한 데 섞여있다. 어디서 그렇게 많은 사람들이 몰려왔는지 몰라도 그들은 국적을 불문하고 즐겁게 춤을 추며 열정을 발산한다.

외국의 클럽에서 춤추는 사람들을 관찰해보니까 우리나라 사람들이 어떤 식으로 춤을 추는지 확연하게 알 수 있었다. 우리나라 사람들은 대부분 춤의 동작을 중요하게 생각한다.

'이번에 이 동작을 했으니까 다음에는 저 동작, 앞으로 어떻게 출

까?'

열심히 머리를 굴리는 게 겉으로도 보일 정도다. 어찌된 일인지 우리 일행들도 춤추는 게 영 시원치가 않다. 큰 소리로, 왜 춤을 추지 않느냐고 물었더니 일행들의 대답이 똑같았다.

"모르는 노래라서 춤을 못 추겠어!"

"강남 스타일은 언제 나와? 강남 스타일이 나와야 춤을 추지!"

우리 일행이 싸이의 '강남 스타일'을 기다리는 데는 사연이 있다. 얼마전 이분들과 강남스타일 댄스를 연습하고 공연했었드랬다. 어쨌거나 클럽에 왔으면 즐겨야지 강남 스타일만 기다리며 앉아 있다니. 필자는 모르는 음악에 맞춰서 멋대로 춰보자며 일행을 스테이지로 데리고 나갔다.

그때 수많은 사람들 가운데서 정말 멋지게 춤을 추는 흑인 여자가 눈에 띄었다. 그녀가 춤을 추는 모습은 그야말로 인상적이었다. 몸으로 리듬을 탈 줄 안다고 할까? 몸짓 하나하나가 음악과 완벽한 조화를 이뤄서 자연스럽고 흥겨웠다.

필자는 그녀를 보면서 춤을 추기 시작했다. 그녀도 내 쪽을 바라봤다. 얼굴에 미소를 띠더니 다가왔다. 우리는 같이 춤을 췄다. 픽기는 그떼 니세이가 들어주는 곡이 무슨 곡인지 몰랐다. 그저 흥이 나는 대로 리듬이 들리는 대로 음악에 몸을 맡겼을 뿐이다. 같이 춤을 추던 흑인 여자가 더 가까이 다가왔다. 할 말이 있는 것 같았다.

"지금 추는 춤이 무슨 춤이에요?"

"무슨 춤인지 나도 몰라요."

"그러면 지금 추는 동작은 뭐예요?"

"나는 지금 당신이 추는 대로 추고 있어요!"

"내가 추는 대로요?"

상대방의 느낌, 상대방의 동작, 그 흐름에 맞춰서 춤을 추는 것이 필자가 춤추는 방법이었다. 마치 거울을 보고 춤추는 것처럼 그녀의 동작에 맞춰서 같이 느끼고 호흡했다. 그랬더니 우리는 마치 오랫동안 같이 연습했던 댄스 듀오처럼 손발이 척척 맞았다. 춤을 추고 있는 우리 둘뿐만 아니라 보는 사람들까지 즐거워하며 박수를 쳤다.

어찌나 신이 나던지 그렇게 몇 곡을 함께 춘 우리는 자리에 앉아 통성명을 했다. 그녀의 이름은 제니퍼였고 필자는 튠이라고 소개했다. 서로에게 큰 호감을 가졌던 제니퍼와 필자는 그 자리에서 친구가 되기로 했다. 어깨동무를 하고 포옹을 하고 사진을 몇 번이나 찍었는지 모른다.

비록 여행지에서 만남이었지만 제니퍼의 말 대로 그녀와 필자는 그 날 밤만큼은 베스트 프렌드였다.

한껏 흥이 오른 필자는 여전히 어떤 춤을 출지 몰라서 멀뚱멀뚱 앉아 있는 일행들에게 돌아갔다.

"자, 제가 하는 대로 따라하세요. 시작할게요. 하나, 둘, 셋, 넷!"

강남스타일 안무를 조금 바꿔서 음악에 어울리게, 따라 하기 쉽게 즉석에서 안무를 만들었다. '오빠 내 스타일'이 아닌 '언닌 내 스타일'을 그 자리에서 만든 것이다. 그러자 흥이 난 일행들이 춤을 추기 시작했다.

춤이나 노래나 모두 마찬가지다. 내 멋에, 내 감대로 춤을 추듯이 노래도 자신의 감을 믿는 게 제일 중요하다. 물론 자신의 방식에 너무 심취해서 노래를 망칠 수도 있다. 그럴 때는 다시 부르고 또 부르면 된다. 그런 과정을 거쳐 노래 실력이 좋아지는 것이니까.

춤을 출 때도 노래를 할 때도 인생을 살 때도 눈치 보지 말고 자신의 감을 믿어라. 그게 바로 진정한 자신감이다.

권위를 벗고 말춤을 추는 사장님의 자세로

"여러분 사장님께서 추시는 말춤 보고 싶죠?"

마이크를 잡은 내가 이렇게 물으면 객석에서 강당이 떠나가라 환호성을 친다. 처음에는 당황하며 손사래를 치던 사장님도 객석에 내려가서 직접 청하면 거절하지 못한다.

"이것 참, 말춤 춰본 적 없는데……."

사장님이 주저하나마나 싸이의 「강남스타일」은 벌써 울려 퍼지고 객석에서는 엄청난 박수가 쏟아진다. 사장님이 춤을 추지 않으면 달아올랐던 분위기는 찬물을 끼얹은 듯 식어버리고 말테니 쑥스러워하던 사장님이 팔을 앞으로 내밀고 다리를 구부린 채로 말 타는 것 같은 자세를 취하며 발을 구르기 시작한다.

"우와! 사장님 최고! 사장님 짱!"

"잘 한다, 멋져요. 사장님 파이팅!"

직원들은 노래를 따라 부르며 커다란 웃음과 박수, 함성으로 보답한다. 잠깐이지만, 사장님이 망가진 이순간은 강연에서 가장 즐거운 시간이 된다.

"직원들을 위해 기꺼이 망가져 주신 우리 사장님께, 감사드립니다."

이내 큰 박수가 쏟아지고 사장님도 얼굴에 미소를 띠며 객석을 향해서 손을 흔들고 무대를 내려간다.

평상시에는 거의 볼 수 없는 사장님의 망가진 모습, 이것은 수직관계를 벗어난 유머다. 수직관계에서는 유머가 끼어들 틈이 없다. 그런데 조직 안에서 늘 근엄하고 어렵던 사장님이 앞장서서 유머를 보여주면 그 순간만큼은 모두가 평등한 수평관계가 되고 조직의 분위기는 한층 화기애애해진다.

강사라는 직업에 매력을 느낀 것도 이 때문이다. 대부분의 직장인들은 생활에서 노래와 춤, 유머를 잊어버리고 일과에만 충실히 살아간다. 그런데 이들 앞에 멍석을 깔아주고 약간의 활기를 불어넣으면 딱딱하던 사람들에게서 생기가 돈다. 아이 시절로 돌아간 것처럼 천진한 얼굴로 웃고 노래하고 춤을 추는 것이다.

사람들이 갑갑한 틀을 벗어버리고 즐거워하는 모습은 역으로 필자를 즐겁게 했다. 강사가 하는 말과 행동이 사람들을 즐겁게 하고 그들의 생각을 바꾸어 놓는 것만큼 근사한 일이 또 있을까.

가수가 되겠다고 생각했던 시절에는 노래를 부를 수 있는 곳만이 무대라고 생각했다. 그런데 강연을 해보니까 강단도 하나의 무대였다. 그리고 강의를 준비하는 과정에서 깨닫게 되었다. 내게 주어진 일상도 무대라는 것을.

삶이라는 소중한 무대.

필자는 주로 노래와 스피치, 행복과 소통에 대해서 강의하는데 놀랍게도 이 네 가지 테마에는 하나의 공통점이 있다. 그건 'MH 법칙'! 바로 '맨땅에 헤딩 법칙'이다.

맨땅에 헤딩이라는 말의 뜻이 뭔가? 잘 안 될 수 있어도, 몸을 다칠 수 있어도 일단 한번 해보는 거다. 맨땅에 헤딩을 해봐야 무모하게 저지르고 느끼고 나만의 방법을 터득할 수 있다.

노래와 스피치, 행복과 소통, 이 모든 것이 MH법칙에 적용된다. 전부 이론보다 실기가 중요한 것들로 직접 해보지 않고 설명만 들어서는 그 느낌을 알 수가 없다.

KBS의 간판 프로그램인 「아침마당」을 진행하는 이금희 아나운서를 떠올려보자. 그녀는 똑 부러지게 말을 잘할 뿐만 아니라 가슴 아픈 사연을 이야기하는 사람들에게 깊이 공감할 줄 안다.

"얼마나 마음이 아프셨어요?"

"그동안 참 고생이 많으셨네요."

주인공이 이야기하는 중간 중간에 진심이 가득한 눈빛을 보내며 이런 위로의 말을 건네는 이금희 아나운서에게는 인간적인 매력이 넘친다.

개그맨 유재석의 공감 능력도 훌륭하다. 유머가 돋보이고 재치 있는 말솜씨를 선보이는 진행자이기 이전에 인간미가 묻어나는 사람이다. 길에서 만난 시민들과 인터뷰를 한 번 해도 상대방이 가지고 있는 개성, 재미있는 점을 한 순간에 간파하고 그것을 장점으로 살려준다. 그가 이렇게 상대방의 장점을 잘 찾아내는 것은 단순히 순발력이 좋아서일까? 기본적으로 사람에 대한 애정이 있기에 순발력이 빛을 발할 수 있는 것이다.

필자는 권위를 벗고 말춤을 춰서 직원들을 즐겁게 해주는 사장님에게서 진정한 리더의 모습을 봤다. 또한 이금희 아나운서와 유재석에게서도 리더의 모습을 찾았다.

이들은 모두 자신을 낮추면서 리드한다. 이것이야말로 진정한 리더십이 아닐까?

보물은 항상 가장 가까운 곳에

어느 한가한 휴일, 필자는 일곱 살 난 아들과 점심을 먹기 위해서 마주 앉았다. 볶음밥을 맛있게 먹던 아들이 문득 이런 말을 했다.

"엄마 내가 이 속에서 보물을 찾아볼까요?"

엉뚱하게도 볶음밥 속에서 보물을 찾겠다는 아이가 귀여워 이렇게 물어봤다.

"유신아, 보물을 찾고 싶니?"

"네."

"왜?"

"보물은 좋은 거니까요."

반짝이는 아들의 눈을 보면서 말해주었다.

"그러면 애써서 보물을 찾을 필요 없어. 왜냐하면 이미 넌 많은 보물을 가졌거든."

이렇게 말하면서 아이가 이해하지 못할 거라고 생각했다. 그런데 아들의 대답은 깜짝 놀라게 하기에 충분했다.

"내 보물은 엄마예요."

필자는 지금 누리는 삶을 사랑한다.

'저 여자는 아무런 근심 없이 호의호식하면서 사나?'

궁금할지도 모르겠다. 궁금증에 대한 답변부터 하자면 전혀 그렇지 않다.

우리 집은 그렇게 부유하지 않다. 가난 때문에 슬프고 고통스러울 정도는 아니지만 그렇다고 풍족하지도 않다. 남편과 필자가 열심히 일해야 두 아이와 함께 오순도순 살 수 있는 경제력, 딱 그 정도다. 한 마디로 남들이 부러워할 만한 형편은 아니라는 거다.

경제적인 면을 제외하고는 걱정할 것 하나 없이 화목하기만 한가? 그렇지도 않다. 남편과는 성격이 아주 정반대라서 투닥거릴 일노 많다.

다만, 서로의 있는 그대로의 모습을 인정하려고 노력할뿐이다

남들이 보면 닭살이라고 할지 모르겠지만 우리는 이런 식으로 룰을 지킴으로써 싸우는 와중에도 서로를 존중한다. 다른 면에서는 평범한 여느 부부들과 다를 게 없다. 서로 고집을 부리고, 이기적으로 굴고, 내가 옳다고 우기고……. 다른 가정이 겪고 있는 보편적인

갈등을 우리 식구도 비슷하게 겪고 있다고 보면 된다.

그런데 왜 손미혜 당신은 행복하다고 떠드느냐고? 왜냐하면 온 몸의 촉을 세우고 그냥 지나칠 수도 있는 작은 행복도 놓치지 않으며 그 행복을 느끼며 즐기고 만끽하기 때문이다.

가끔씩 자유롭던 20대가 떠오른다. 그 시절, 평범한 또래들보다 수입이 많았던 필자는 자연히 씀씀이가 헤퍼졌다. 옷과 가방을 사고 몸을 치장하는 재미에 푹 빠져 살았다. 몸에 꼭 붙는 드레스를 입고 망사 스타킹을 신고 립스틱을 짙게 바르고 재즈 디바처럼 화려하게 꾸미고 다녔다. 한번 불이 붙으며 밤이 새는지도 모르고 놀았던 기억이 난다. 인생에 대한 애착과 자신감을 그런 식으로 표현했던 것 같다.

'쟤가 과연 주부로 살 수 있을까?'

주변사람들의 걱정을 뒤로 하고 아줌마의 삶에 적응했다. 적응한 것뿐만 아니라 그 안에서 색다른 행복을 찾았다. 요즘 제일 행복할 때는 치약을 아래쪽부터 알뜰하게 짜서 쓰는 것이다. 그리고 벽장 안에 다음에 쓸 치약이 하나 준비돼 있는 것, 그런 소소한 것이 행복임을 깨달았다.

남편과 아이들도 필자를 닮아 작은 것에도 기뻐한다. 아침마다 뉴에이지 음악을 틀고 신선한 커피를 한 잔 내려주면 남편은 행복하다고 말한다. 열심히 재료를 다듬고 볶아서 김밥을 싸면 아이들이 엄지를 치켜세우며 맛있다고 말해준다. 아이들은 어릴 때부터 엄마가 노래 부르는 걸 유심히 지켜보며 자라서 그런지 가르쳐주지도 않았는데 노래를 따라 부른다.

가족들 덕에 행복해져서 요리를 하고 노래를 부르면 가족들이 행복해진다. 그러면 그 행복이 또 필자에게 돌아온다. 행복의 단순한 메커니즘이 그렇게 경이로울 수가 없다.

누구라도 행복해지고자 마음만 먹으면 지금 당장이라도 행복해질 수 있다. 가족을 이루어 살면서 깨달은 진리는 이것 하나다. '행복은 참 쉽다'는 것.

혹시 지금 촉을 세우고 불행을 좇고 있는가? 그렇다면 촉의 방향을 행복을 느끼는 방향으로 돌려보자. 지금까지 몰랐던 것, 정말 하잘 것 없어 그냥 지나쳤던 것이 모두 행복이었음을 알 수 있을 것이다.

그리고 가끔은 노래를 부르고 음악에 흠뻑 빠져보자.

마법 같은 음악의 선율이 당신을 힐링으로 리드할 것이다.

Epilogue

리더십은 타고난 것이 아니다
스스로 만들어가는 것이다

직급이 높으면 리더가 될 수 있을까?

부모가 되면 자녀에게 리더가 될 수 있을까?

최근 사회 전반적으로 리더십 열풍이 불었다. 2014년에 상영된 몇몇 영화들이 천만 관객을 넘어선 것도 뛰어난 리더의 출현을 갈망을 국민들의 대리만족 현상이 크게 작용했다는 견해도 있다.

리더란 직급이 높다고 나이가 많다고 무조건 부여되는 호칭이 아니다. 리더는 구성원들에게 소정의 성과를 내게 하거나 직장에서 즐겁게 일 할 수 있도록 만들거나 그들에게 경제적 풍요를 누리게 하든지 아랫사람에게 뭔가 긍정적인 영향력을 행사할 수 있어야한다. 하지만 많은 사람들이 조직 생활을 오래 한 사람일수록 '상사는 곧 리더' 라고 착각하는 경향이 있다.

"내가 너보다 직급이 높으니까 내 말에 무조건 복종하고 나를 존경하라."

왜 이런 현상이 벌어지는 것일까?

인간이 존재하는 한, 조직사회 속에서 생활하는 한, 지위가 올라가는 한, 모든 사람들이 꼭 필요하다고 요구하는 자질이 바로 리더십이다.

많은 사람들이 리더십은 타고나는 것이라고 생각하기도 한다. 이런 이유로 리더십이 필요하다고 생각하면서도 아이러니하게도 리더십을 체계적으로 배우려는 사람은 많지 않다. 그러다보니 나이를 먹거나 직책이 올라 갑자기 갑의 위치에 오르면 아랫사람은 복종해야한다 생각하고 갑질을 하면서 사회적인 물의를 일으키는 것이다.

리더십은 노력으로 역량을 키워나가야 한다. 리더로서 역할을 수행하기 위해서 리더십 역량을 배우고 익혀 나가야 한다.

"자기 자신의 행동을 정리하거나 평가할 시간을
갖지 않는다면 성공과 실패를 통해 배우고
더 효율적인 노력을 기울일 수 있는 기회를 놓치게 될 것이다."

-피터 M 센게(Peter M. Senge) 교수

리더십 역량 강화를 위해서는 자신의 경험을 되돌아보고 거기에서 교훈을 도출해서 개선하려는 노력을 끊임없이 할 때 리더십역량이 조금씩 커질 수 있다. 문제는 그 자리에 올라가기 전에는 그런 노력과 준비를 하려고 해도 경험할 수 없다는 것이다. 임원이 되어서야 임원의 고충을 경험하게 되고 아버지가 되어서야 아버지의 고충을 경험할 수 있다. 그렇게 막상 경험하게 될 때 리더의 위치가 힘겹게 느껴질 수 있고 리더십이 부족하다는 말을 듣기도 한다.

이런 문제를 극복하려면 어떻게 해야 할까?

간접경험을 많이 해야 한다. 다양한 상황을 경험하고 거기에 대처하는 다른 사람들의 노하우를 체득하고 그 상황에서 나라면 어떻게 할 것인가를 고민하면 자신도 모르는 사이에 리더십 역량을 향상될 것이다. 그 간접경험이 반드시 유명인일 필요는 없다. 반드시 성공한 사람만의 것일 필요도 없다. 다양한 사람들의 다양한 리더십을 공유하고 내가 스스로 고민하는 과정이 중요하다.

그래서 리더십분야에 대한 강의를 하는 6명의 강사가 모여 자신들의 이야기를 나누어 보기로 했다.

'1톤의 생각보다 1그램의 행동이 필요하다'

리더십 강의를 하는 강사로서 의기투합하여 행동하자고 의견을 모았다. 글로 쓰여진 우리의 경험과 솔루션이 다른 누군가의 간접경험을 돕는다면 이 또한 기쁘지 않겠는가? 모두 글쓰기에 몰입하고 정성을 다했다.

리더는 다른 사람들이 가보지 않은 길을 홀로 가야 하고 갈래길에서 고독한 결정을 내려야 한다. 상황에 따라 결단을 내릴 수 있는 용기는 평소에 많은 간접경험과 성찰을 통해 리더십 역량을 갖춘 사람들만이 가능한 일이다. 이 글이 독자들의 리더십 함양을 위한 간접경험에 조금이나마 도움이 되었으면 하는 마음을 담아본다.

끝으로 이 책이 출간될 수 있도록 많은 격려와 도움을 주신 관계자 여러분께 감사드린다.

리더가 될 수 있는 사람은
역경에서도 불만을 품지 않고
영달을 해도 기뻐하지 않고
실패해도 좌절하지 않고
성공을 해도 자만하지 않는다

- 장자